写字何以要讲究笔法
为的是要把每个字写好
写得美观
要字的形体美观
首先要求构成形体的一点一画的美观

——沈尹默

中国代表性书法作品

颜真卿

《颜勤礼碑》

拓本·程志宏临本

编写 程志宏

河南美术出版社
·郑州·

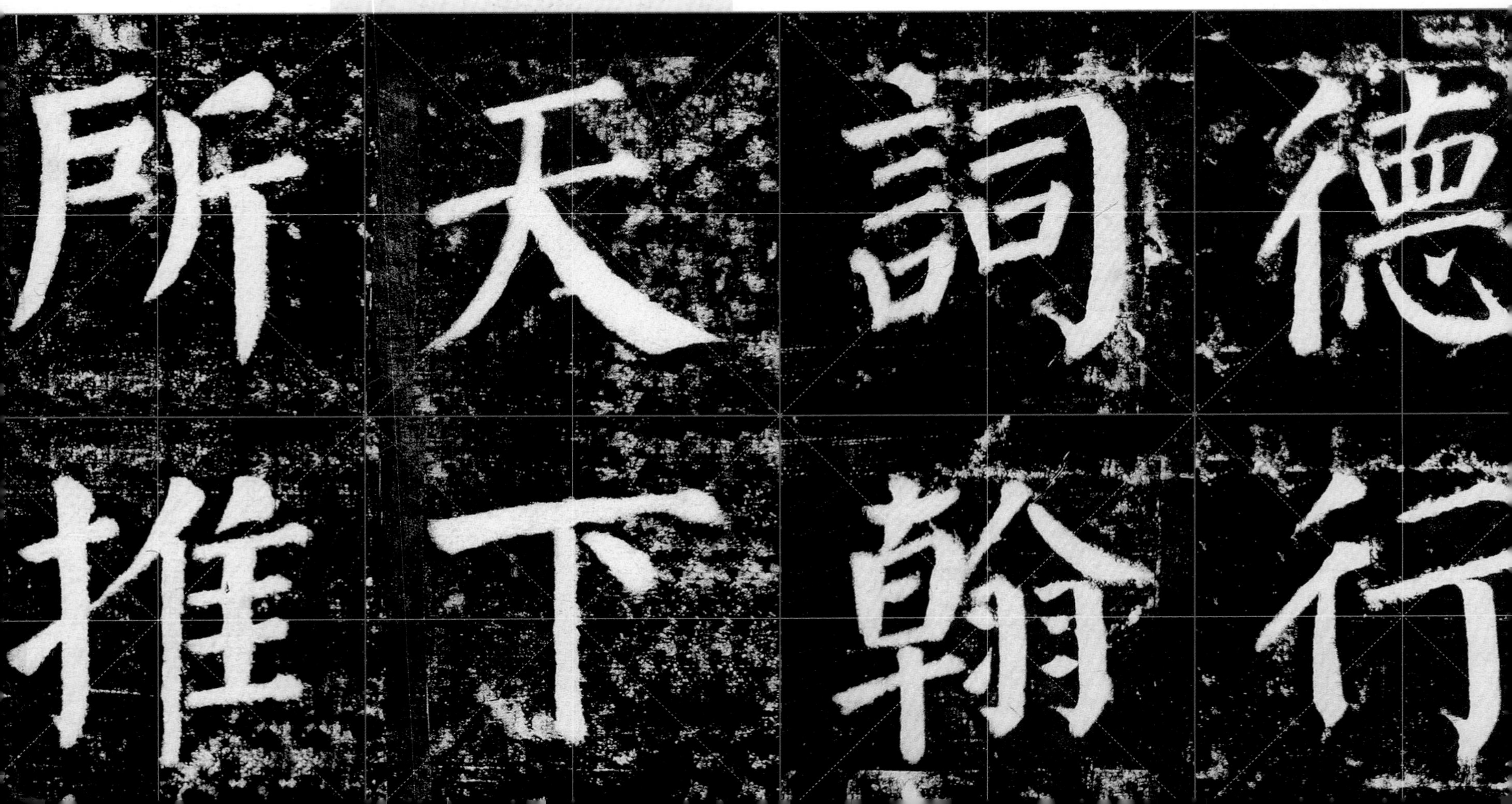

图书在版编目（CIP）数据

颜真卿《颜勤礼碑》：拓本·程志宏临本 / 程志宏编写. —郑州：河南美术出版社，2021.3

ISBN 978-7-5401-5008-2

Ⅰ.①颜… Ⅱ.①程… Ⅲ.①楷书-碑帖-中国-唐代 Ⅳ.①J292.24

中国版本图书馆CIP数据核字（2019）第289110号

颜真卿《颜勤礼碑》

拓本·程志宏临本

编　　写　程志宏

出 版 人　李　勇

选题策划　吴志平　谷国伟

责任编辑　王立奎　杨海波

责任校对　王淑娟

装帧设计　张国友

出版发行　河南美术出版社

地　　址　郑州市郑东新区祥盛街27号

邮政编码　450000

电　　话　0371-65788152

制　　作　河南金鼎美术设计制作有限公司

印　　刷　郑州新海岸电脑彩色制印有限公司

经　　销　新华书店

开　　本　787mm×1092mm　8开

印　　张　16

字　　数　94千字

版　　次　2021年3月第1版

印　　次　2021年3月第1次印刷

书　　号　ISBN 978-7-5401-5008-2

定　　价　99.80元

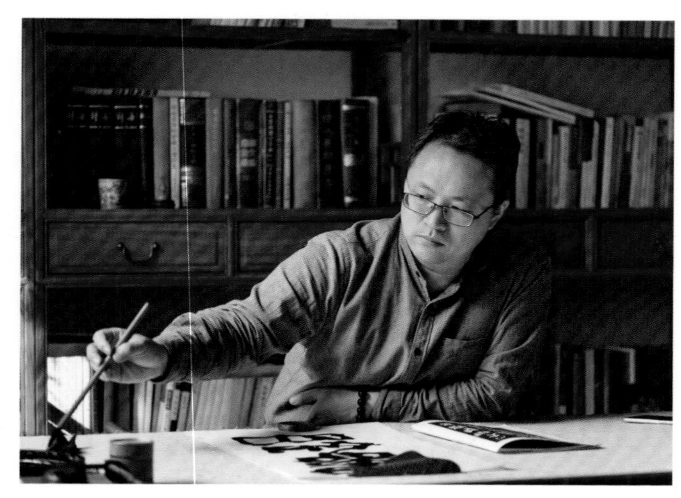

作者简介

程志宏，别署一钫、长风，号蛰堂，山西岚县人。本科毕业于中国美术学院书法篆刻专业，首都师范大学艺术硕士。中国书法家协会会员、山西省书法家协会理事、河南省书法家协会楷书专业委员会委员。

作品参展、获奖情况：第八届、第九届全国书法篆刻作品展，第五届全国楹联书法作品展，第四届全国正书大展，第二届全国扇面书法展，首届全国草书作品展，第二届全国兰亭书法展，首届全国册页书法展，首届、第二届全国楷书作品展，第二届全国书法临帖作品展，“古韵镌拓　纸墨千秋”——2015年国家典籍博物馆宋元善拓暨全国书法临摹展，第十二届国际书法交流大展，首届“钟繇奖”全国书法篆刻展（优秀作品），首届“三苏奖”全国书法展览（优秀作品），首届“陶渊明奖”全国书法作品展（优秀作品），第二届“赵孟頫奖”全国书法作品展（优秀作品），“百年西泠 · 翰墨春秋”西泠印社诗书画印大型选拔活动（书法单项奖）。

出版有《赵之谦书法精选》《褚遂良〈雁塔圣教序记〉（原石 · 拓片 · 程志宏临本）》《褚遂良〈雁塔圣教序〉精选百字卡片》等图书。

唐故秘書省著作郎夔州都督府長史上護軍顏君神道碑　曾孫魯郡開國公真卿撰并書
君諱勤禮字敬琅邪臨沂人高祖諱見遠齊御史中丞梁武帝受禪不食數日一慟而絕事見梁齊
周書曾祖諱協梁湘東王記室參軍文苑有傳祖諱之推北齊給事黃門侍郎隋東宮學士齊書有
傳始自南入北今為京兆長安人父諱思魯博學善屬文尤工詁訓仕隋司經局校書東宮學士長
寧王侍讀與沛國劉臻辯論經義臻屢屈焉齊書黃門傳云集序君自作後加踰岷將軍
太宗為秦王精選僚屬拜記室參軍儀同娶御正中大夫殷英童女英童集呼顏郎是也更唱和
者二十餘首溫大雅傳云初君在隋與大雅俱仕東宮弟愍楚與彥博同直內史省愍楚弟遊秦與
彥將俱典秘閣二家兄弟各為一時人物之選少時學業顏氏為優其後職位溫氏為盛事具唐史
君幼而朗晤識量弘遠工於篆籀尤精詁訓秘閣司經史籍多所刊定義寧元年十一月從
太宗平京城授朝散正議大夫勳解褐秘書省校書郎武德中授右領左右府鎧曹參軍九年十一月授
輕車都尉兼直秘書省貞觀三年六月兼行雍州參軍事六年七月授著作佐郎七年六月授
詹事主簿轉太子內直監加崇賢館學士宮廢出補蔣王文學弘文館學士永徽元年三月
制曰具官君學藝優敏宜加獎擢乃拜陳王屬學士如故遷曹王友無何拜秘書省著作郎君與兄
秘書監師古禮部侍郎相時齊名監同時為崇賢弘文館學士禮部為天冊府學士弟太子通
事舍人育德又奉令於司經局校定經史　太宗嘗圖畫崇賢諸學士命監為贊以君與監兄
弟不宜相褒述乃命中書舍人蕭鈞贊君曰依仁服義懷文守一履道自居下帷終日德彰素里
行成蘭室鶴籥馳譽龍樓委質當代榮之六年以後夫人兄中書令柳奭親累貶夔州都督府長史
明慶六年加上護軍君安時處順恬無慍色不幸遇疾傾逝于府之官舍既而旋窆于京城東南萬
年縣寧安鄉之鳳栖原先夫人陳郡殷氏泉柳夫人同合祔焉禮也七子昭甫晉王曹王侍讀贈華

颜真卿《颜勤礼碑》碑阳

劉二縣尉故相國蘇頲舉茂才又為張敬忠劍南節度判官偃師丞杲卿忠烈有清識吏幹累遷太常丞攝常山太守殺逆賊安祿山將李欽湊開土門擒其心手何千年高邈遷衛尉卿兼御史中丞城守陷賊東京遇害楚毒參下詈言不絕贈太子太保謚曰忠曜卿工詩善草隸十六以詞學直崇文館淄川司馬旭卿善草書胤山令茂曾訥言敏行頗工篆籀犍為司馬闕疑仁孝善詩春秋杭州參軍允南工詩人皆諷誦之善草隸書判頻入等歷左補闕殿中侍御史三為郎官國子司業金鄉男喬卿仁厚有吏材富平尉真長耿介舉明經幼輿敦雅有醞藉通班漢書左清道率府兵曹真卿舉進士校書郎舉文詞秀逸醴泉尉黜陟使王鉷以清白名聞七為憲官九為省官薦為節度採訪觀察使魯郡公允臧敦實有吏能舉縣令宰延昌四為御史充太尉郭子儀判官江陵少尹荊南行軍司馬長卿晉卿邠卿充國質多無祿早世名卿倜佶伋倫並為武官玄孫紘通義尉沒于蠻泉明孝義有吏道父開土門佐其謀彭州司馬威明邛州司馬季明子幹沛詡頗泉明男誕及君外曾孫沈盈盧逖並為逆賊所害俱蒙贈五品京官濬好屬文翹華正頵並早夭頗好五言校書郎頍仁孝方正明經大理司直充張萬頃嶺南營田判官顥鳳翔參軍頌通悟頗善隸書太子洗馬鄭王府司馬並不幸短命通明好屬文項城尉顓溫江丞覿綿州參軍靚臨亭尉顒仁和有政理蓬州長史慈明仁順幹蠱都水使者穎介直河南府法曹頔奉禮郎頎江陵參軍頡當陽主簿頌河中參軍頂衛尉主簿頵左千牛頲須並京兆參軍頎須頒並童稚未仕自黃門御正至君父叔兄弟泉子姪揚庭益期昭甫強學十三人四世為學士侍讀事見柳芳續卓絕殷寅著姓略小監少保以德行詞翰為天下所推春卿杲卿曜卿允南而下泉君之群從光庭千里康成希莊日損隱朝臣朝昇庠恭敏鄰幾元淑溫之舒說順勝怡渾允濟挺式宣韶等多以名德著述學業文翰交映儒林故當代謂之學家非夫君之積德累仁貽謀有裕則何以流光末裔錫羨盛時小子真卿聿修是忝嬰孩集蓼不及過庭之訓晚暮論譔莫追長老之口述君之德美多恨闕遺銘曰

颜真卿《颜勤礼碑》碑阴

州刺史事具真卿所撰神道碑敬仲吏部郎中事具劉子玄神道碑殆庶無恤辟非少連務滋皆
著學行以柳令外甥不得仕進孫元孫舉進士考功員外劉奇特標牓之名動海內從調以書判
入高等者三累遷太子舍人屬玄宗監國專掌令畫滁沂豪三州刺史贈秘書監惟貞頻
以書判入高等歷畿赤尉丞太子文學薛王友贈國子祭酒太子少保德業具陸據神道碑會宗
襄州參軍孝友楚州司馬澄左衛翊衛潤僴儻涪城尉曾孫春卿工詞翰有風義明經拔萃犀浦

颜真卿《颜勤礼碑》碑侧

序

颜真卿《颜勤礼碑》书法艺术探析

《颜勤礼碑》，全称《唐故秘书省著作郎夔州都督府长史上护军颜君神道碑》。颜真卿撰文并书。原为四面环刻，今存三面，上下断为两截，右侧铭文部分已被磨去，立碑年月亦失。但据欧阳修《集古录跋尾》卷七记载："唐《颜勤礼神道碑》，大历十四年。"可信此碑书写于唐大历十四年（779）。今残石高 175 厘米，宽 90 厘米，厚 22 厘米。碑阳 19 行，碑阴 20 行，行 38 字；左侧 5 行，行 37 字。原石现存西安碑林。

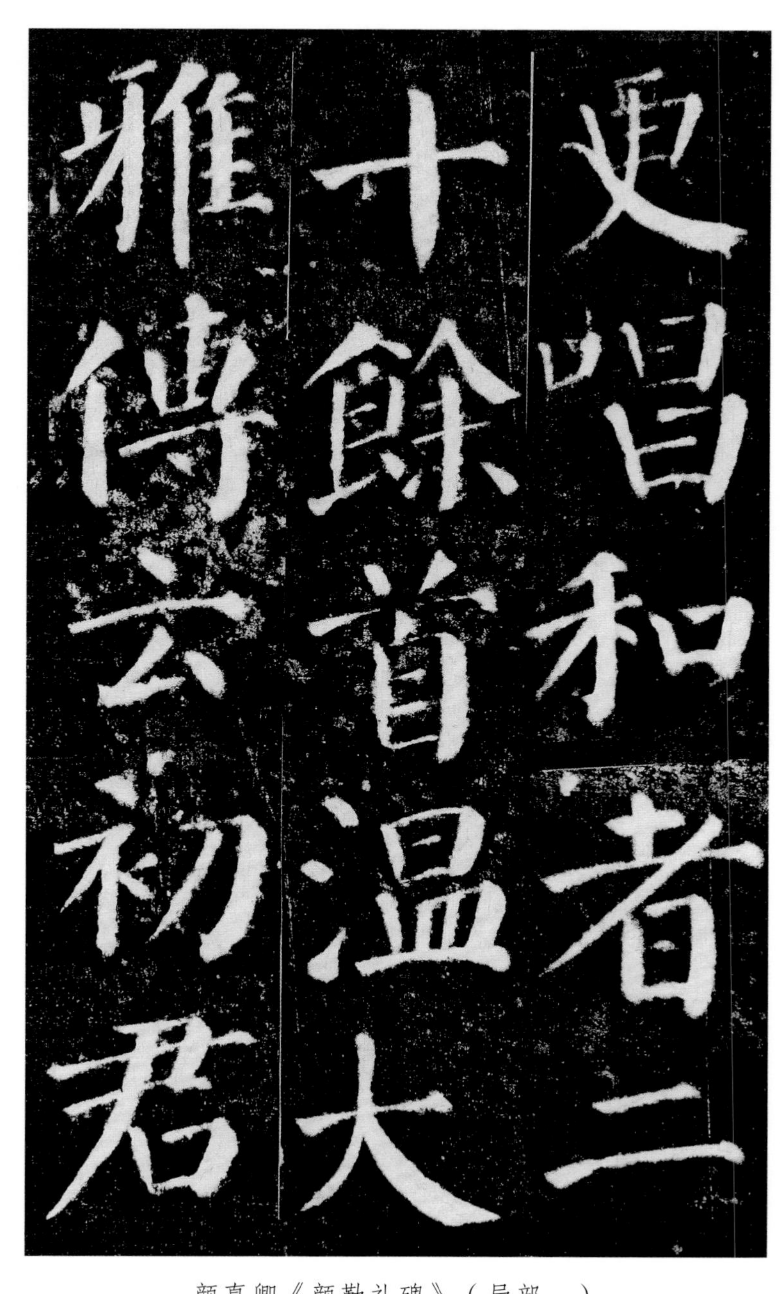

颜真卿《颜勤礼碑》（局部一）

颜真卿，字清臣，京兆万年（今陕西西安）人，祖籍琅邪临沂孝悌里（今山东省费县方城诸满村）。官至殿中侍御史，曾为平原太守，人称"颜平原"。安史之乱，颜真卿固守平原城，为义军盟主，为唐朝尽忠。颜抗贼有功，入京后历任吏部尚书、太子太师，封鲁郡公，故世又称"颜鲁公"。兴元元年，他奉德宗之命，前往叛将李希烈处劝降，不幸遇害。

颜真卿博学多才，精通诗文，书法初学褚遂良，后师从张旭，得其笔法，兼收篆隶和北碑笔意，完成了雄健宽博、浑厚古朴的颜体楷书创

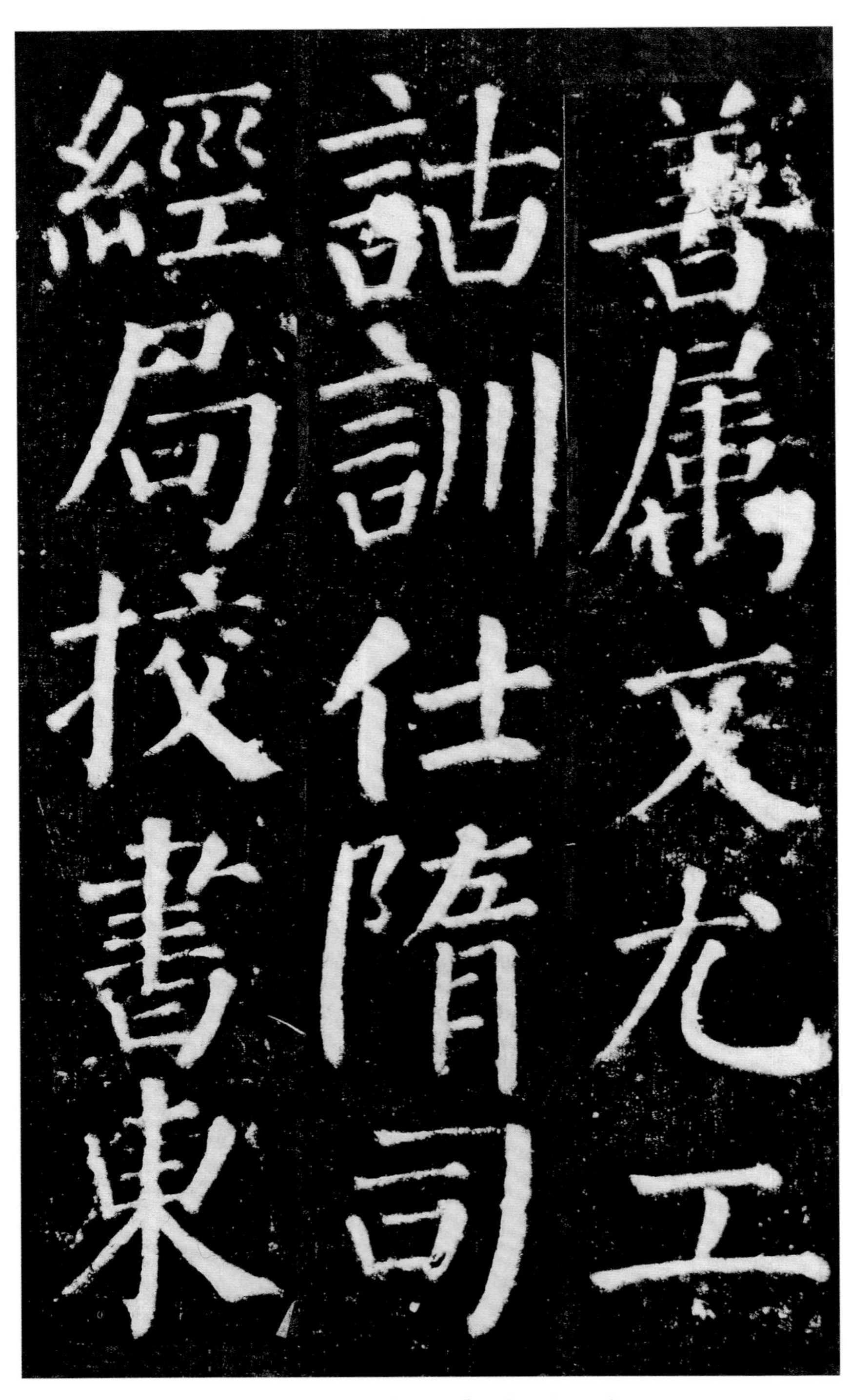

颜真卿《颜勤礼碑》（局部二）

作，被称为“颜家字样”。树立了唐代以降千余年来中国书法楷书的典范，与欧阳询、柳公权、赵孟頫并称为“楷书四大家”。颜真卿的书体端庄、豪放，自成博大雄壮、气贯长虹的气势，形成以“筋”为主的颜体风貌，所以千余年来，与“柳体”一起被世人誉为“颜筋柳骨”，成为书坛上的经典楷模。

《颜勤礼碑》为颜真卿晚年为其曾祖父颜勤礼所书功德碑。碑文主要记述了颜勤礼的生平履历，从颜勤礼的高祖颜见远至颜勤礼的玄孙一辈，均有涉及。碑文质朴无华，不重文采，主要以人物的罗列为主，实际上是一本简明的颜氏族谱，体现出古人注重宗族谱系的观念。此碑与《颜家庙碑》都是研究唐代颜氏族系的重要史料。

《颜勤礼碑》以篆书笔法入楷，所以以中锋用笔为主，其行笔雄健有力，笔力内含，起笔多藏锋，收笔多回锋，尤其起笔处圆笔多于方笔。横画起笔轻提，收笔重按，亦有重起轻提。竖画起笔方切逆露，收笔多回藏，有力鼎千钧之势。捺画先收后放，横折处多提笔上耸，下切成方势，亦有提笔内转而呈圆肩，或内方外圆，或外方内圆。《颜勤礼碑》前部分横线纤细，竖线粗壮；后部分横线古遒，竖线厚重。线条古朴浑厚，壮硕雄强。长横线左低右高，微曲弧形中内含“一波三折”的提笔书写意态。线条结构丰富，长横、长竖、撇、捺左顾右盼，收放自然，松紧有度，最具有“颜家字样”的特征。长横爽捷，刚柔相济；长竖悬针、垂露力能扛鼎；立刀、竖钩得万岁枯藤之象；撇若春燕展翅；捺得疾磔豪放之势。

《颜勤礼碑》结构端庄朴茂，字字挺拔有力、方整浑厚，内空间疏密有致，外空间放中有收，宽博古荡、雍容大度、气势开张。《颜勤礼碑》多取纵势，这样每个字看上去很紧凑，通过穿插、揖让、虚实等手法的运用，使得整个字形端庄、稳重，有一种庙堂之气。

《颜勤礼碑》全篇字字饱满、雄强茂密、井然有序，形成颜体独有的谨严而又有磅礴大气的章法之美。字间行气遒紧，整体章法茂密，既代表了颜真卿雄浑朴茂的书法艺术特征，又体现了伟岸郁勃的盛唐文化气象。

《颜勤礼碑》字口如新，较好地保存了颜书的原来面貌，受到当今学书者的重视，也成为学习颜体楷书的最佳范本之一。

颜真卿在中国书法史上具有举足轻重的地位，唯一能和王羲之抗衡，先后辉映中国几千年书法史的，非颜真卿莫属。他生于楷书流行之际，与王羲之之典型相对，引领书法新风气。颜真卿的书法，以楷书为多而兼有行草。用北碑笔法所写楷书，端严肃穆、古朴郁勃、气势雄厚。颜真卿的楷书一反初唐书风，行以篆籀笔法，辅以北碑意态，化瘦硬为丰腴雄浑，结体宽博而气势恢宏，骨力遒劲而气势凛然。他开创的"颜家字样"楷书新风格，正是大唐盛世辉煌的真实写照，彰显着颜真卿的高尚人格。《颜勤礼碑》成为其书法艺术与道德品格、人文精神完美结合的典范。

（文／大圭）

程志宏临本	拓本	程志宏临本	拓本
郎	郎	唐	唐
夔	夔	故	故
州	州	秘	秘
都	都	書	書
督	督	省	省
府	府	著	著
長	長	作	作

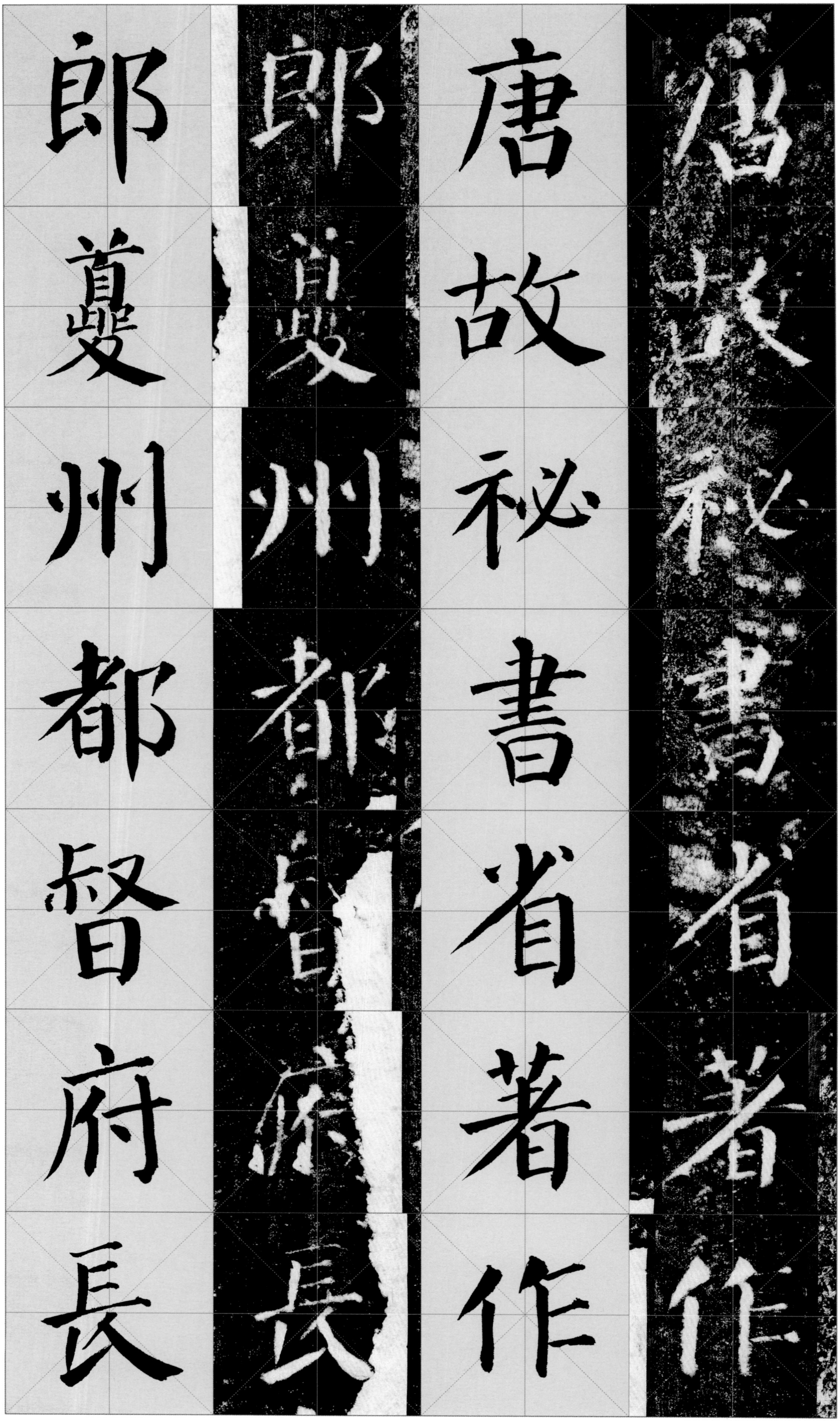

唐故秘书省著作郎夔州都督府长

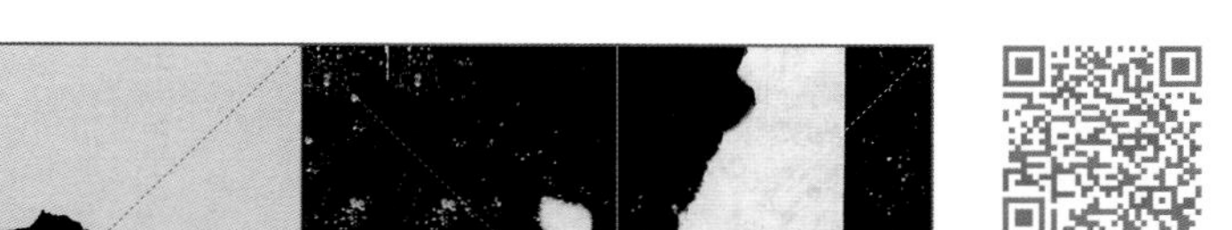

程志宏临本　拓本　程志宏临本　拓本

上護軍顏君神

史上護軍顏君神

道碑

道碑

史上护军颜君神道碑

拓本

曾孫魯郡開國公

程志宏临本

曾孫魯郡開國公

拓本

真卿撰并書

程志宏临本

真卿撰并書

曾孙鲁郡开国公真卿撰并书

程志宏临本　拓本　程志宏临本　拓本

君諱勤禮字敬琅

君諱勤禮字敬琅

邪臨沂人高祖諱

邪臨沂人高祖諱

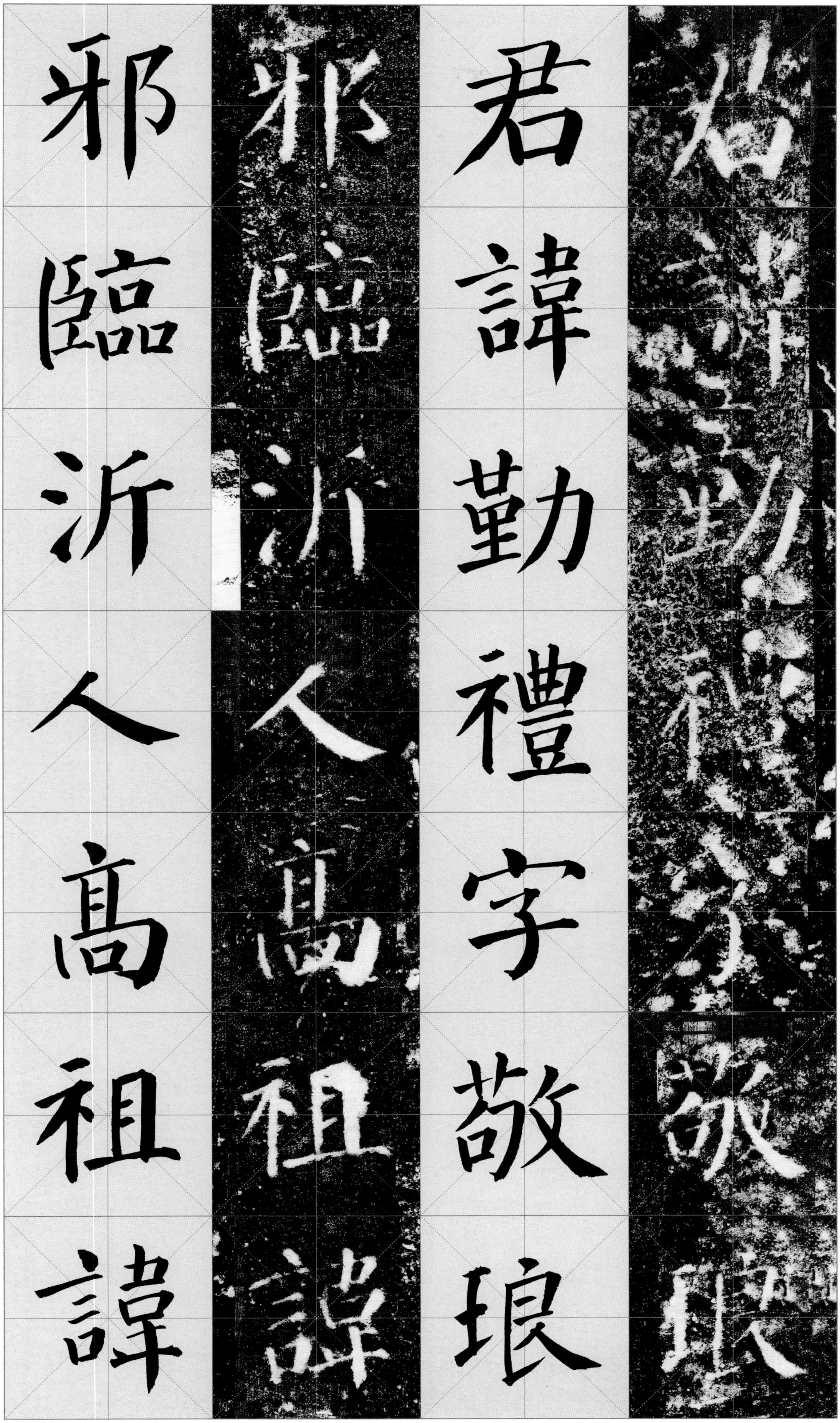

君讳勤礼字敬琅邪临沂人高祖讳

拓本

遠齊御史中丞

程志宏临本

見遠齊御史中丞

拓本

梁武帝受禪不食

程志宏临本

梁武帝受禪不食

见远齐御史中丞梁武帝受禅不食

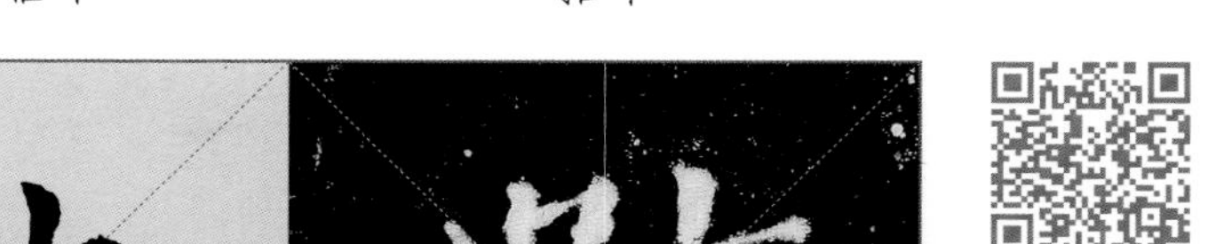

拓本

數日一慟而絕事

程志宏临本

數日一慟而絕事

拓本

見梁齊周書曾祖

程志宏临本

見梁齊周書曾祖

数日一恸而绝事见梁齐周书曾祖

拓本

諱協梁湘東王記

程志宏临本

諱協梁湘東王記

拓本

室參軍文苑有傳

程志宏临本

室參軍文苑有傳

讳协梁湘东王记室参军文苑有传

拓本

祖諱之推北齊給

程志宏临本

祖諱之推北齊給

拓本

事黃門侍郎隋東

程志宏临本

事黃門侍郎隋東

祖讳之推北齐给事黄门侍郎隋东

宫學士齊書有傳

宫學士齊書有傳

始自南入北今爲

始自南入北今爲

宫学士齐书有传始自南入北今为

拓本

京兆長安人父

程志宏临本

京兆長安人父諱

拓本

思魯博學善屬文

程志宏临本

思魯博學善屬文

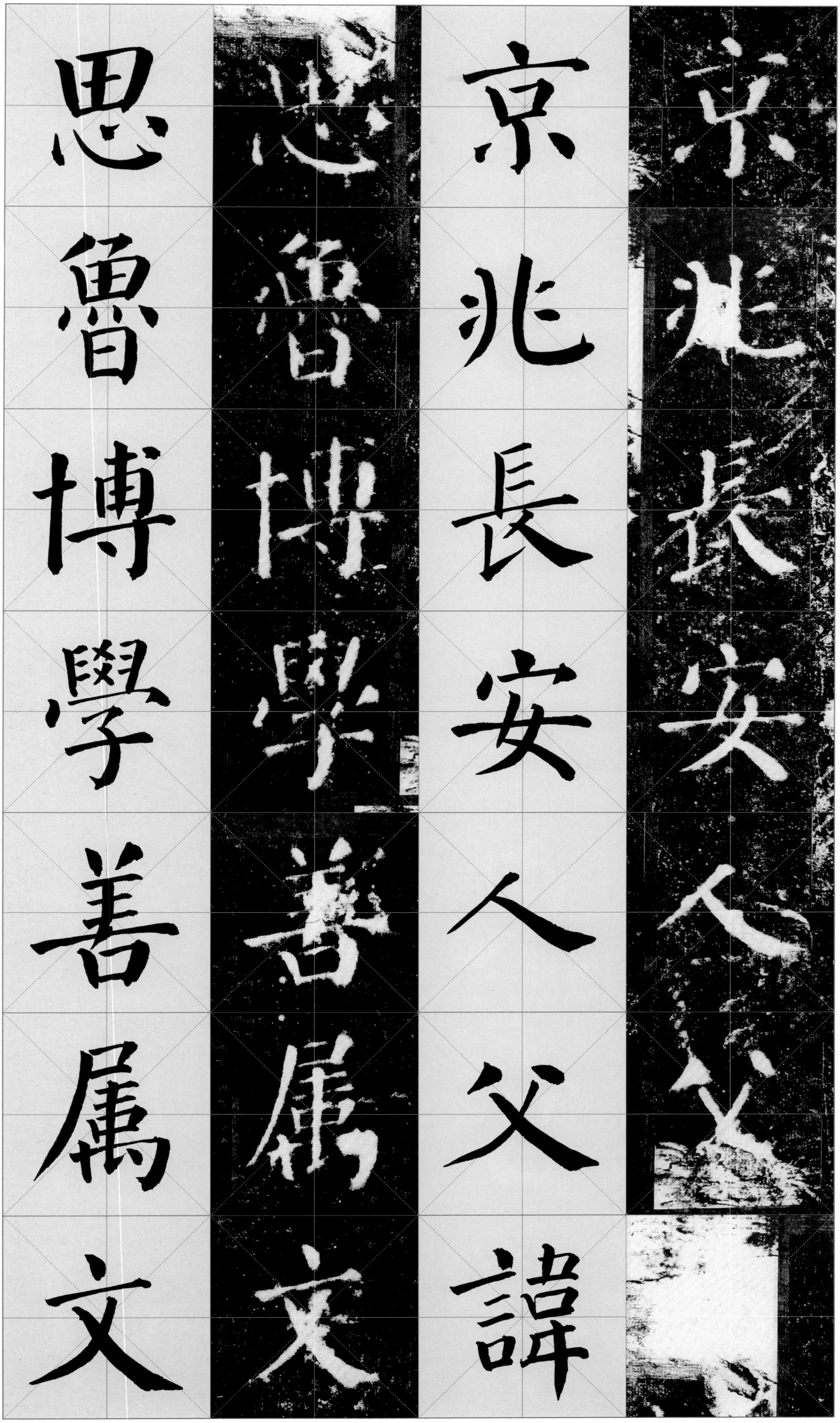

京兆长安人父[讳]思鲁博学善属文

拓本

尤工詁訓仕隋司

程志宏临本

尤工詁訓仕隋司

拓本

經局校書東宮學

程志宏临本

經局校書東宮學

尤工诂训仕隋司经局校书东宫学

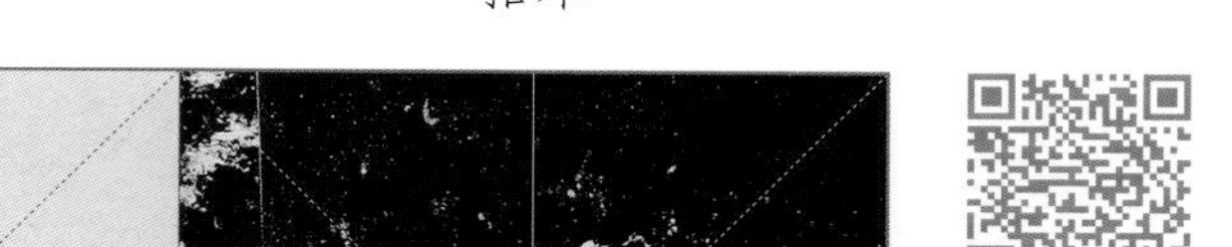

拓本

士長寧王侍讀與

程志宏临本

士長寧王侍讀與

拓本

沛國劉臻辯論經

程志宏临本

沛國劉臻辯論經

士长宁王侍读与沛国刘臻辩论经

義臻屢屈焉齊書

義臻屢屈焉齊書

黄門傳云集序君

黄門傳云集序君

义臻屡屈焉齐书黄门传云集序君

拓本

自作後加踰岷將

程志宏临本

自作後加踰岷將

拓本

軍

程志宏临本

軍

自作后加逾岷将军

拓本

太宗爲秦王精選

程志宏临本

太宗爲秦王精選

拓本

僚屬拜記室參軍

程志宏临本

僚屬拜記室參軍

太宗为秦王精选僚属拜记室参军

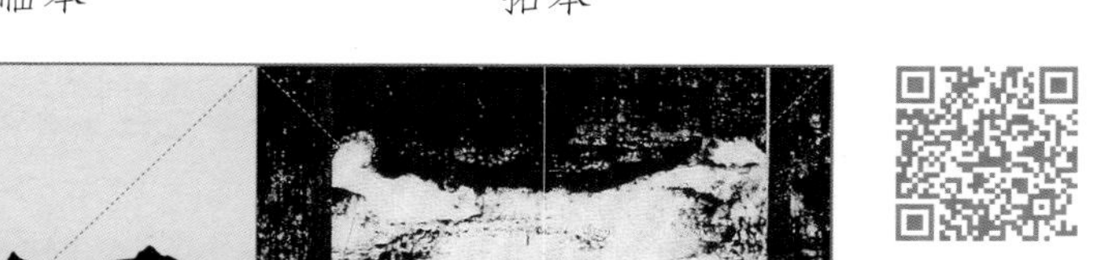

大夫殷英童女英

大夫殷英童女英

加儀同娶御正中

□儀同娶御正中

加仪同娶御正中大夫殷英童女英

拓本

童集呼顏郎是也

程志宏临本

童集呼顏郎是也

拓本

更唱和者二十餘

程志宏临本

更唱和者二十餘

童集呼颜郎是也更唱和者二十余

拓本　程志宏临本　拓本　程志宏临本

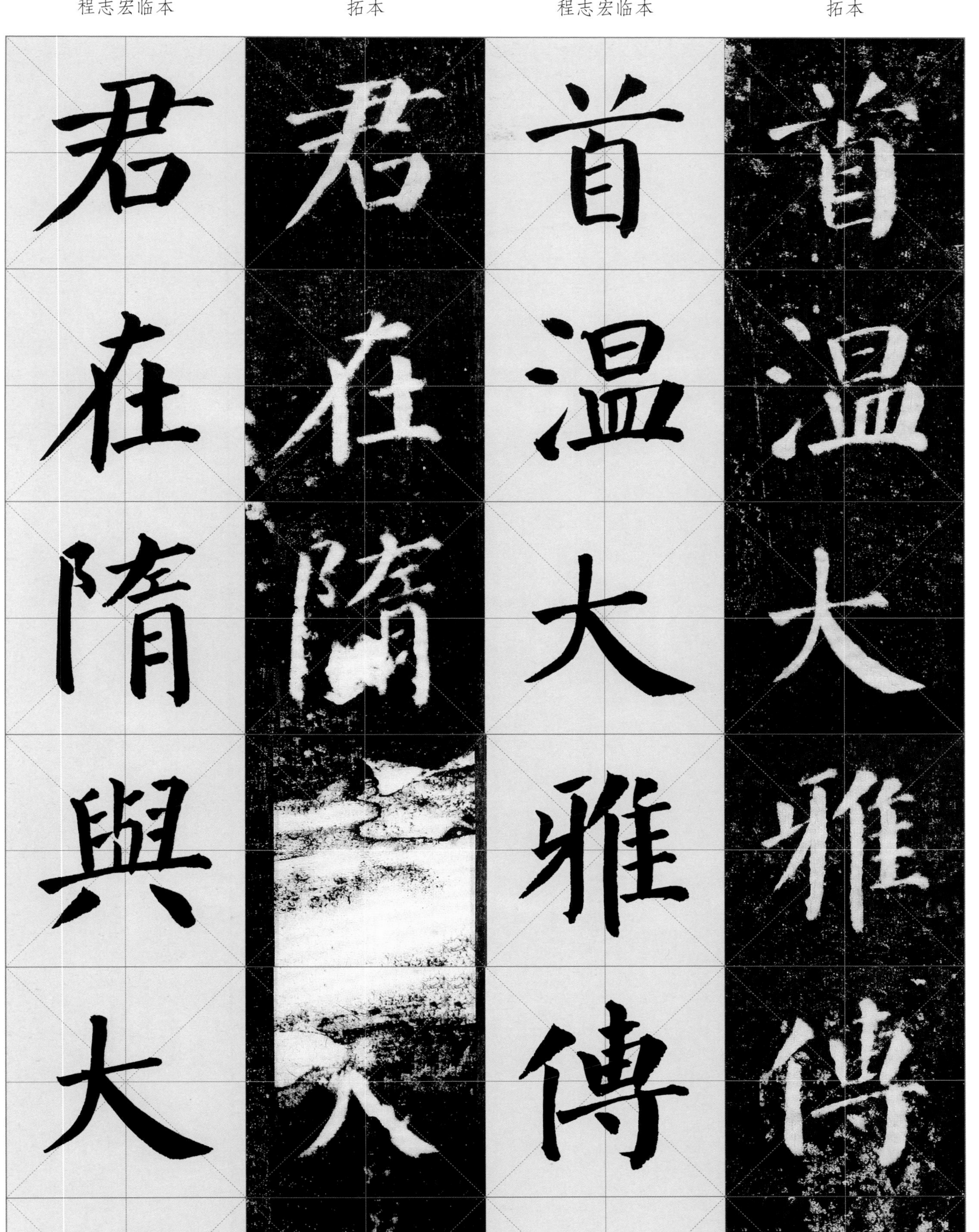

首温大雅传云初君在隋与大雅俱

拓本

仕東宮弟慇楚與

程志宏临本

仕東宮弟慇楚與

拓本

彦博同直内史省

程志宏临本

彦博同直内史省

仕东宫弟慇楚与彦博同直内史省

拓本

愍楚弟遊秦與彥

程志宏临本

愍楚弟遊秦與彥

拓本

將俱典祕閣二家

程志宏临本

將俱典祕閣二家

愍楚弟游秦与彦将俱典秘阁二家

拓本

兄弟各為一時

程志宏临本

兄弟各為一時人

拓本

物之選少時學業

程志宏临本

物之選少時學業

兄弟各为一时人物之选少时学业

程志宏临本	拓本	程志宏临本	拓本
位	位	顏	顏
溫	溫	氏	氏
氏	氏	為	為
為	為	優	優
盛	盛	其	其
事	事	後	後
具	具	職	職

颜氏为优其后职位温氏为盛事具

程志宏临本　拓本　程志宏临本　拓本

唐史君幼而朗晤

唐史君幼而朗晤

識量弘遠工於篆

識量弘遠工於篆

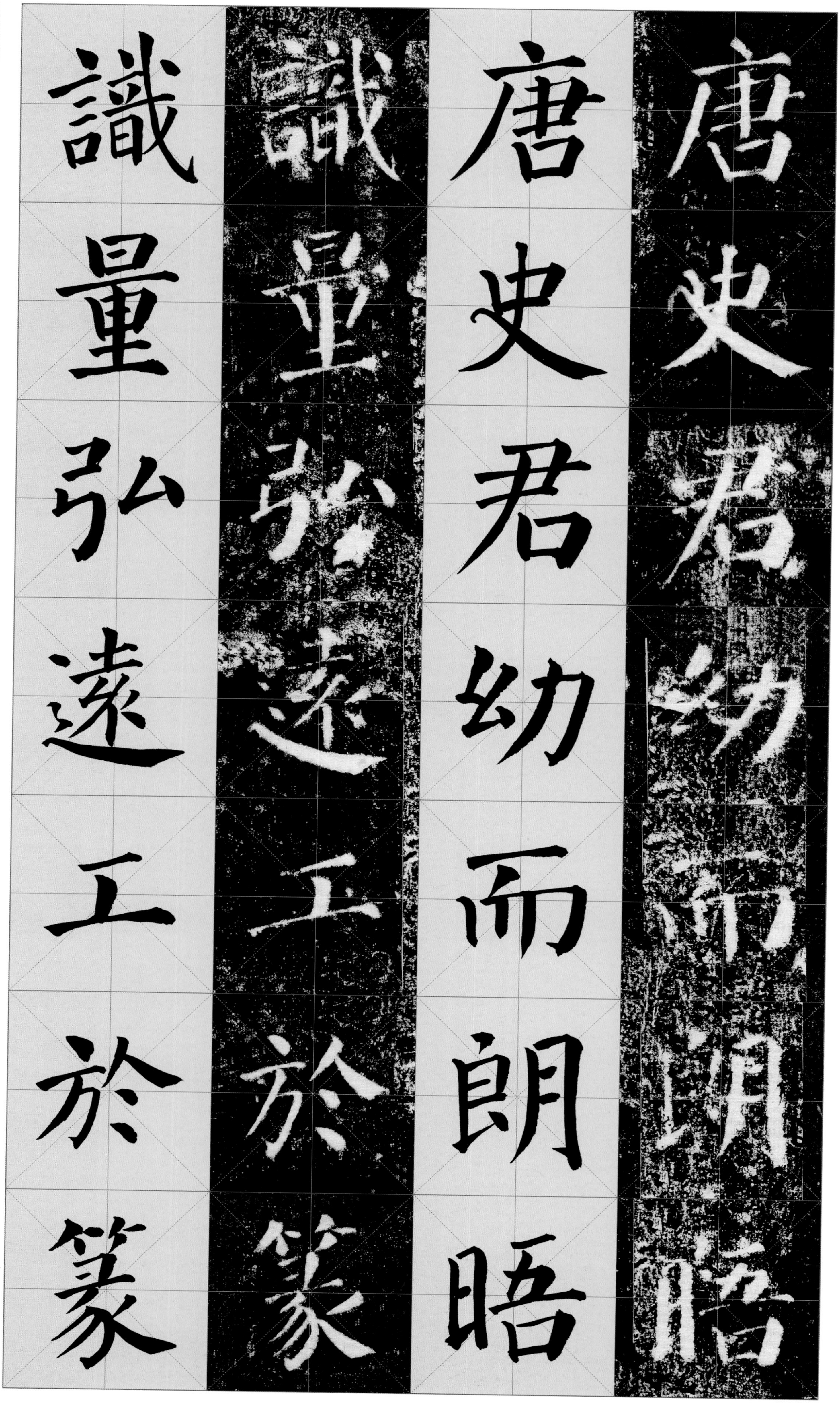

唐史君幼而朗晤识量弘远工於篆

程志宏临本	拓本	程志宏临本	拓本
司經史籍多所刊	司經史籍多所刊	籀尤精詁訓秘閣	籀尤精詁訓秘閣

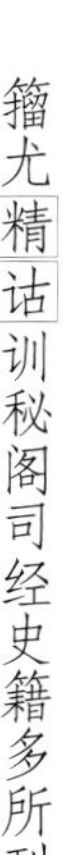
籀尤精诂训秘阁司经史籍多所刊

定義寧元季十一

定義寧元季十一

月從

月從

定义宁元年十一月从

拓本

太宗平京城授朝

程志宏临本

太宗平京城授朝

拓本

散正議大夫勳解

程志宏临本

散正議大夫勳解

太宗平京城授朝散正议大夫勋解

褐秘書省校書郎

武德中授右領左

褐秘

书省校书郎武德中授右领左

拓本

右府鎧曹參軍九

程志宏临本

右府鎧曹參軍九

拓本

年十一月授輕車

程志宏临本

年十一月授輕車

右府铠曹参军九年十一月授轻车

拓本

都尉兼直秘書省

程志宏临本

都尉兼直秘書省

拓本

貞觀三[年六]月兼

程志宏临本

貞觀三季六月兼

都尉兼直秘书省贞观三年六月兼

拓本

行雍州叅軍事六

程志宏临本

行雍州叅軍事六

拓本

秊七月授著作佐

程志宏临本

秊七月授著作佐

行雍州参军事六年七月授著作佐

郎七年六月授詹

郎七年六月授詹

事主簿轉太子内

事主簿轉太子内

郎七年六月授詹事主簿转太子内

拓本

直監加崇賢館學

程志宏临本

直監加崇賢館學

拓本

宮廢出補蔣王

程志宏临本

士宮廢出補蔣王

直监加崇贤馆学[士]宫废出补蒋王

拓本

文學弘文館學士

程志宏临本

文學弘文館學士

拓本

永徽元年三月

程志宏临本

永徽元年三月

文学弘文馆学士永徽元年三月

拓本	程志宏临本	拓本	程志宏临本
制曰具官君學藝	制曰具官君學藝	優敏宜加獎擢乃	優敏宜加獎擢乃

制曰具官君学艺优敏宜加奖擢乃

拓本

拜王屬學士如

程志宏临本

拜陳王屬學士如

拓本

故遷曹王友無何

程志宏临本

故遷曹王友無何

拜[陈]王属学士如故迁曹王友无何

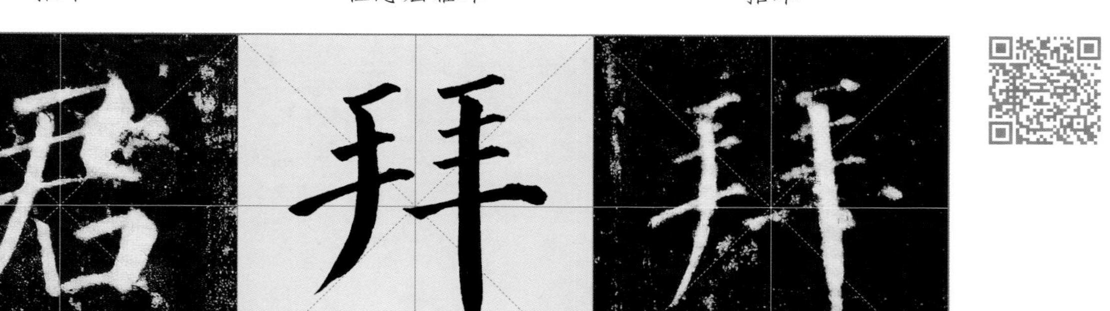

拓本

拜秘書省著作郎

程志宏临本

拜秘書省著作郎

拓本

君與兄秘書監師

程志宏临本

君與兄秘書監師

拜秘书省著作郎君与兄秘书监师

拓本：古禮部侍郎相時

程志宏临本：古禮部侍郎相時

拓本：齊名監上同時

程志宏临本：齊名監与君同時

古礼部侍郎相时齐名监与君同时

拓本

爲崇賢弘文館學

程志宏临本

爲崇賢弘文館學

拓本

士禮部爲天冊府

程志宏临本

士禮部爲天冊府

为崇贤弘文馆学士礼部为天册府

拓本

學士弟太子通事

程志宏临本

學士弟太子通事

拓本

舍人育德又奉令

程志宏临本

舍人育德又奉令

学士弟太子通事舍人育德又奉令

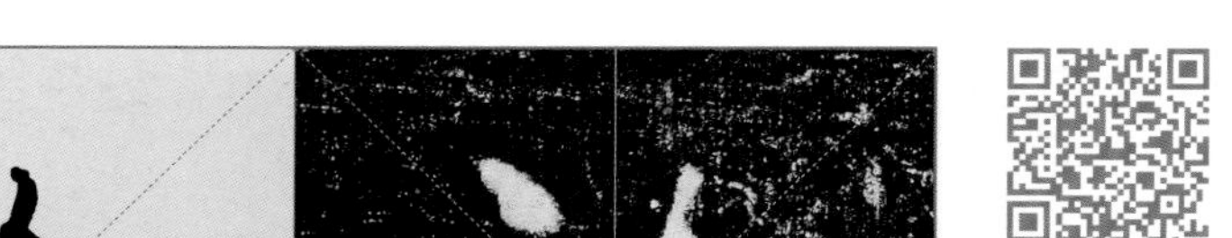

拓本 程志宏临本 拓本 程志宏临本

於司經局校定經

於司經局校定經

史

拓本

太宗嘗圖畫崇賢

程志宏临本

太宗嘗圖畫崇賢

拓本

諸學士命監爲讚

程志宏临本

諸學士命監爲讚

拓本

以君與監兄弟不

程志宏临本

以君與監兄弟不

拓本

宜相褒述乃命中

程志宏临本

宜相褒述乃命中

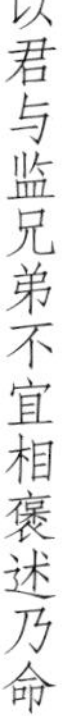
以君与监兄弟不宜相褒述乃命中

書舍人蕭鈞特讚

書舍人蕭鈞

君曰依仁服義懷

曰依仁服義懷

书舍人萧钧特赞君曰依仁服义怀

拓本	程志宏临本	拓本	程志宏临本
文守一履道自居	文守一履道自居	下帷終日德彰素	下帷終日德彰素

文守一履道自居下帷终日德彰素

程志宏临本	拓本	程志宏临本	拓本
馳譽龍樓委質當	馳譽龍樓委質當	里行成蘭室鶴籥	里行成蘭室鶴籥

里行成兰室鹤籥驰誉龙楼委质当

夫人兄中書令柳

夫人兄中書令柳

代榮之六年以後

代以後

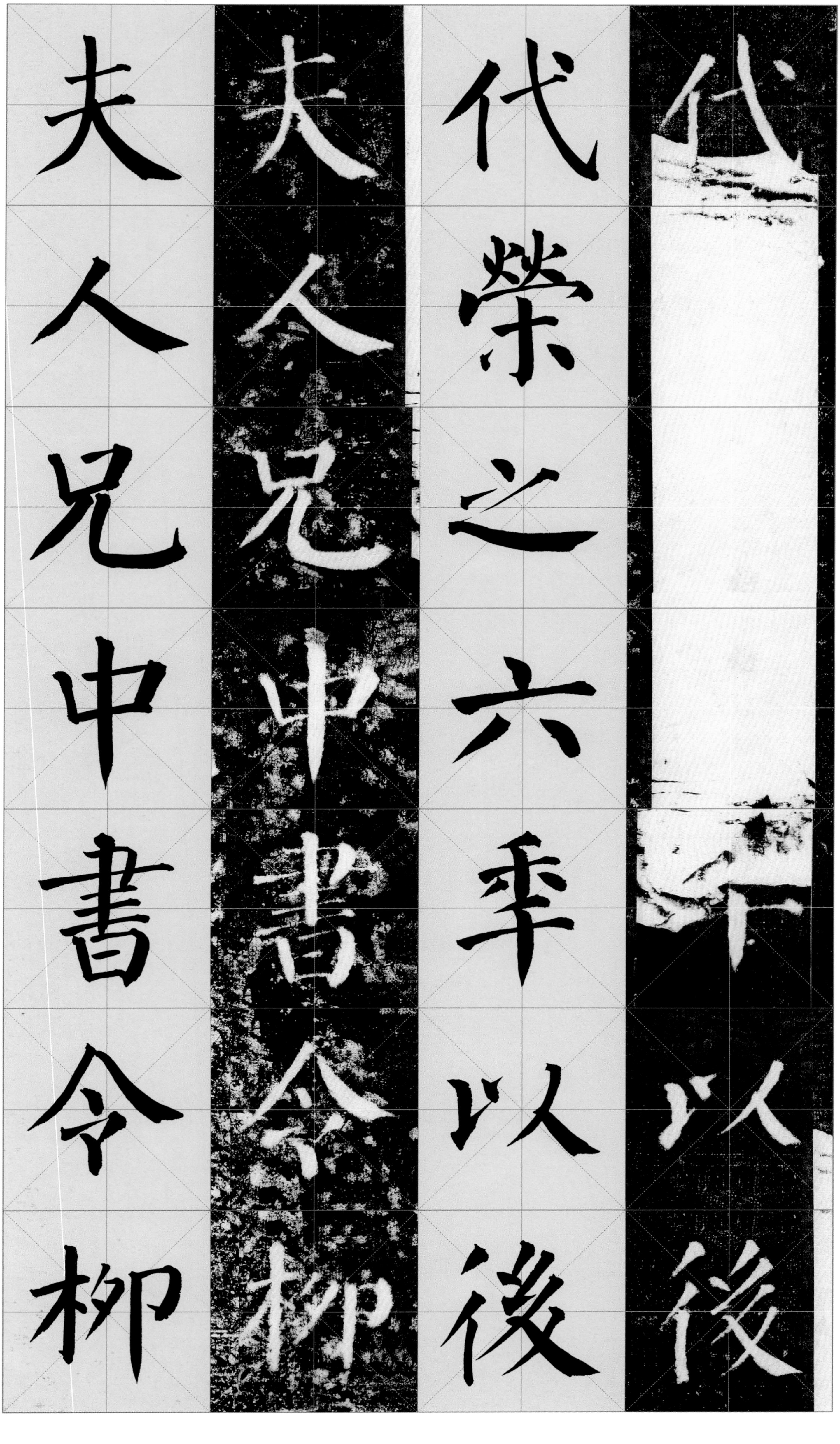

代荣之六年以后夫人兄中书令柳

拓本

奭親累貶夔州都

程志宏临本

奭親累貶夔州都

拓本

督府長史明慶六

程志宏临本

督府長史明慶六

奭亲累贬夔州都督府长史明庆六

秊加上護軍君安

秊加上護軍君安

時處順恬

時處順恬無慍色

年加上护军君安时处顺恬无愠色

不幸遇疾倾逝于府之官舍既而旋

不幸遇疾傾逝于

府之官舍既而旋

窆于京城東南萬

年縣寧安鄉之鳳

窆于京城东南万年县宁安乡之凤

拓本

栖原先夫人陳郡

程志宏临本

栖原先夫人陳郡

拓本

泉柳夫人同

程志宏临本

殷氏泉柳夫人同

栖原先夫人陈郡殷氏泉柳夫人同

拓本：合祔焉禮也七子

程志宏临本：合祔焉禮也七子

拓本：昭甫晋王曹王侍

程志宏临本：昭甫晋王曹王侍

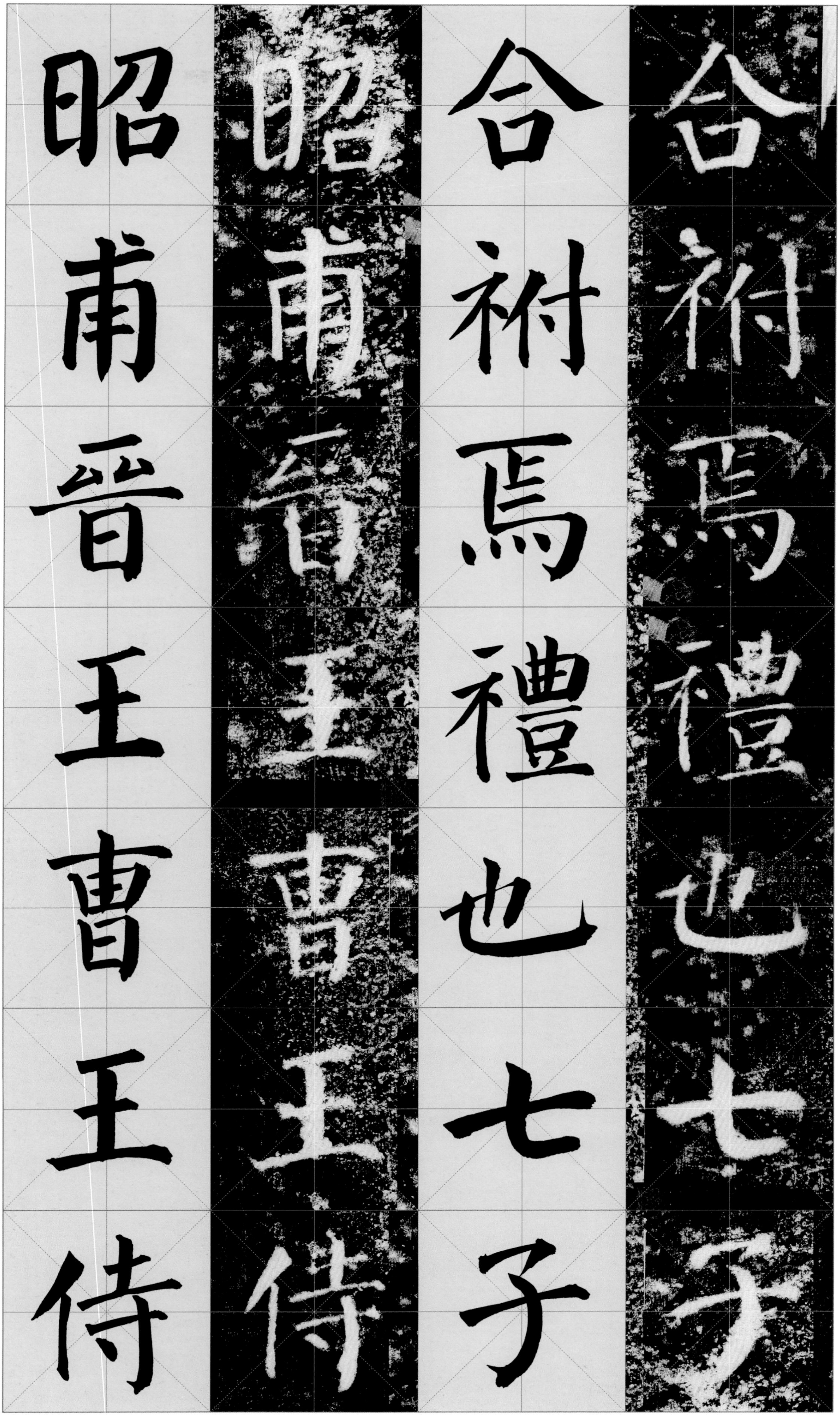

合祔焉礼也七子昭甫晋王曹王侍

程志宏临本	拓本	程志宏临本	拓本
具真卿所撰神道	具真卿所撰神道	讀贈華州刺史事	讀贈華州刺史事

程志宏临本　拓本　程志宏临本　拓本

碑敬仲吏部郎中

事具劉子玄神道

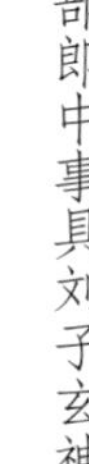

碑敬仲吏部郎中事具刘子玄神道

碑殆庶無恤辟非

少連務滋皆著學

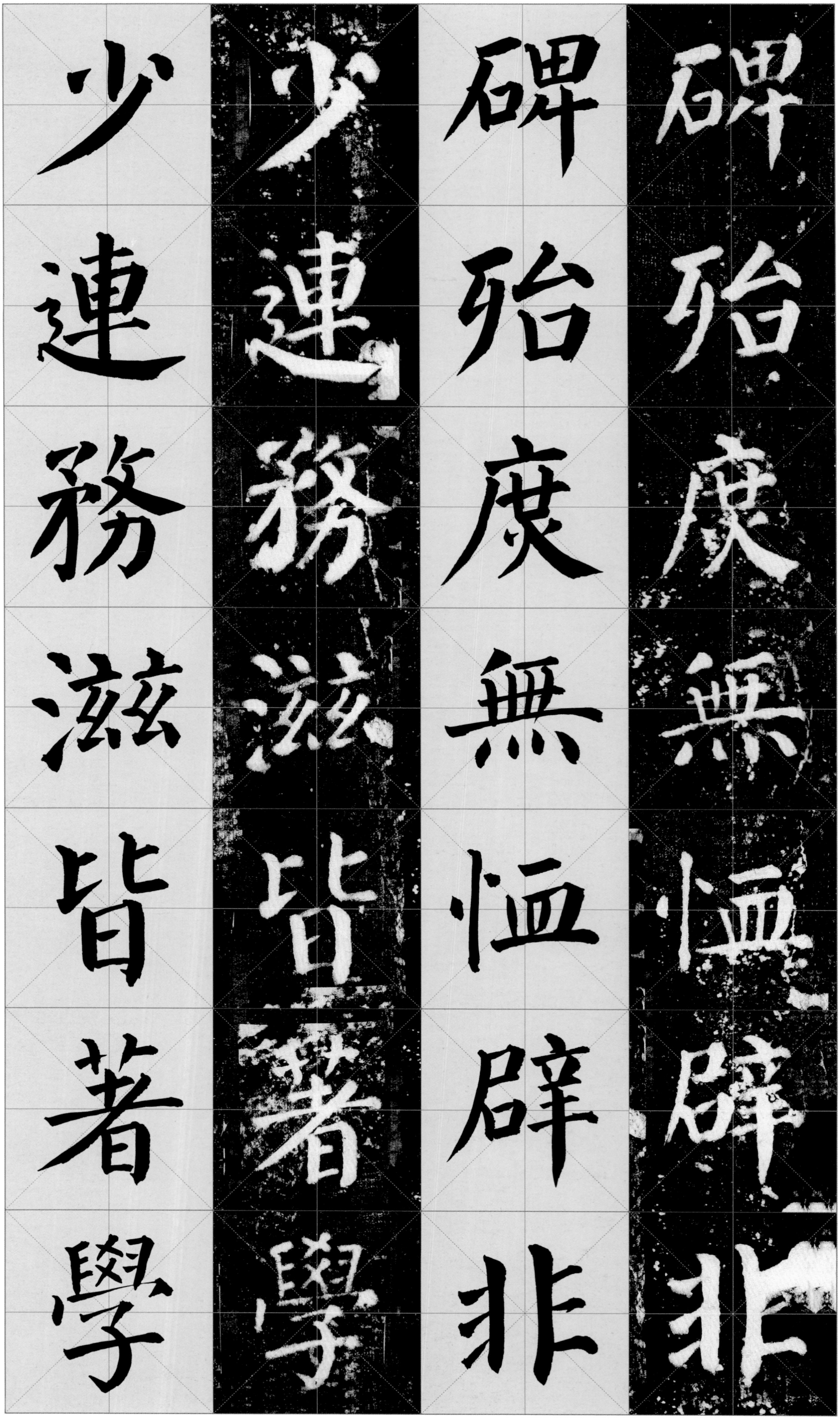

碑殆庶无恤辟非少连务滋皆著学

拓本

行以柳令外甥不

程志宏临本

行以柳令外甥不

拓本

得仕進孫元孫舉

程志宏临本

得仕進孫元孫舉

行以柳令外甥不得仕进孙元孙举

進士考功員外劉

進士考功員外劉

奇特標牓之名動

奇特標牓之名動

进士考功员外刘奇特标榜之名动

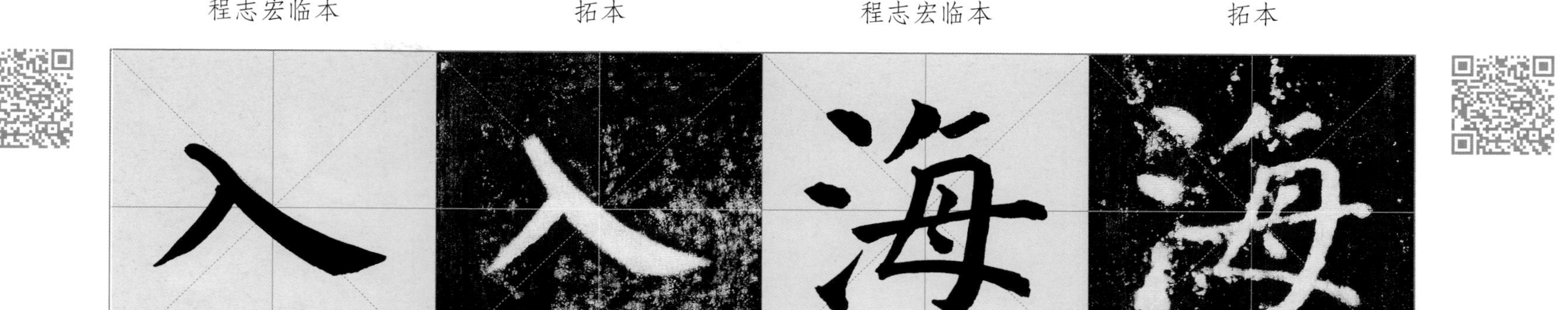

拓本

海內從調以書判

程志宏临本

海內從調以書判

拓本

入高等者三累遷

程志宏临本

入高等者三累遷

海内从调以书判入高等者三累迁

拓本

太子舍人屬

程志宏临本

太子舍人屬

拓本

玄宗監國專掌令

程志宏临本

玄宗監國專掌令

拓本

畫滁沂豪三州刺

程志宏临本

畫滁沂豪三州刺

拓本

史贈秘書監惟貞

程志宏临本

史贈秘書監惟貞

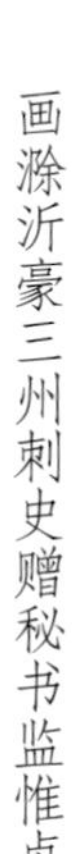

画滁沂豪三州刺史赠秘书监惟贞

拓本

頻以書判入高等

程志宏临本

頻以書判入高等

拓本

歷畿赤尉丞太子

程志宏临本

歷畿赤尉丞太子

频以书判入高等历畿赤尉丞太子

拓本

文學薛王友贈國

程志宏临本

文學薛王友贈國

拓本

子祭酒太子少保

程志宏临本

子祭酒太子少保

文学薛王友赠国子祭酒太子少保

德業具陸據神道

德業具陸據神道

碑會宗襄州參軍

碑會宗襄州參軍

德业具陆据神道碑会宗襄州参军

拓本

孝友楚州司馬澄

程志宏临本

孝友楚州司馬澄

拓本

左衛翊衛潤倜儻

程志宏临本

左衛翊衛潤倜儻

孝友楚州司马澄左卫翊[卫]润倜傥

拓本

涪城尉曾孫春卿

程志宏临本

涪城尉曾孫春卿

拓本

工詞翰有風義明

程志宏临本

工詞翰有風義明

涪城尉曾孙春卿工词翰有风义明

程志宏临本　拓本　程志宏临本　拓本

經拔萃犀浦蜀二

經拔萃犀浦蜀二

縣尉故相國蘇頲

縣尉故相國蘇頲

经拔萃犀浦蜀二具尉故相国苏颋

程志宏临本　拓本　程志宏临本　拓本

拓本：舉茂才又為張敬

程志宏临本：舉茂才又為張敬

拓本：忠劍南節度判官

程志宏临本：忠劍南節度判官

举茂才又为张敬忠剑南节度判官

程志宏临本　拓本　程志宏临本　拓本

拓本：偃師丞杲卿忠烈

程志宏临本：偃師丞杲卿忠烈

拓本：有清識吏幹累遷

程志宏临本：有清識吏幹累遷

偃师丞杲卿忠烈有清识吏干累迁

程志宏临本	拓本	程志宏临本	拓本
守	守	太	太
敎	敎	常	常
逆	逆	丞	丞
賊	賊	攝	攝
安	安	常	常
禄	禄	山	山
山	山	太	太

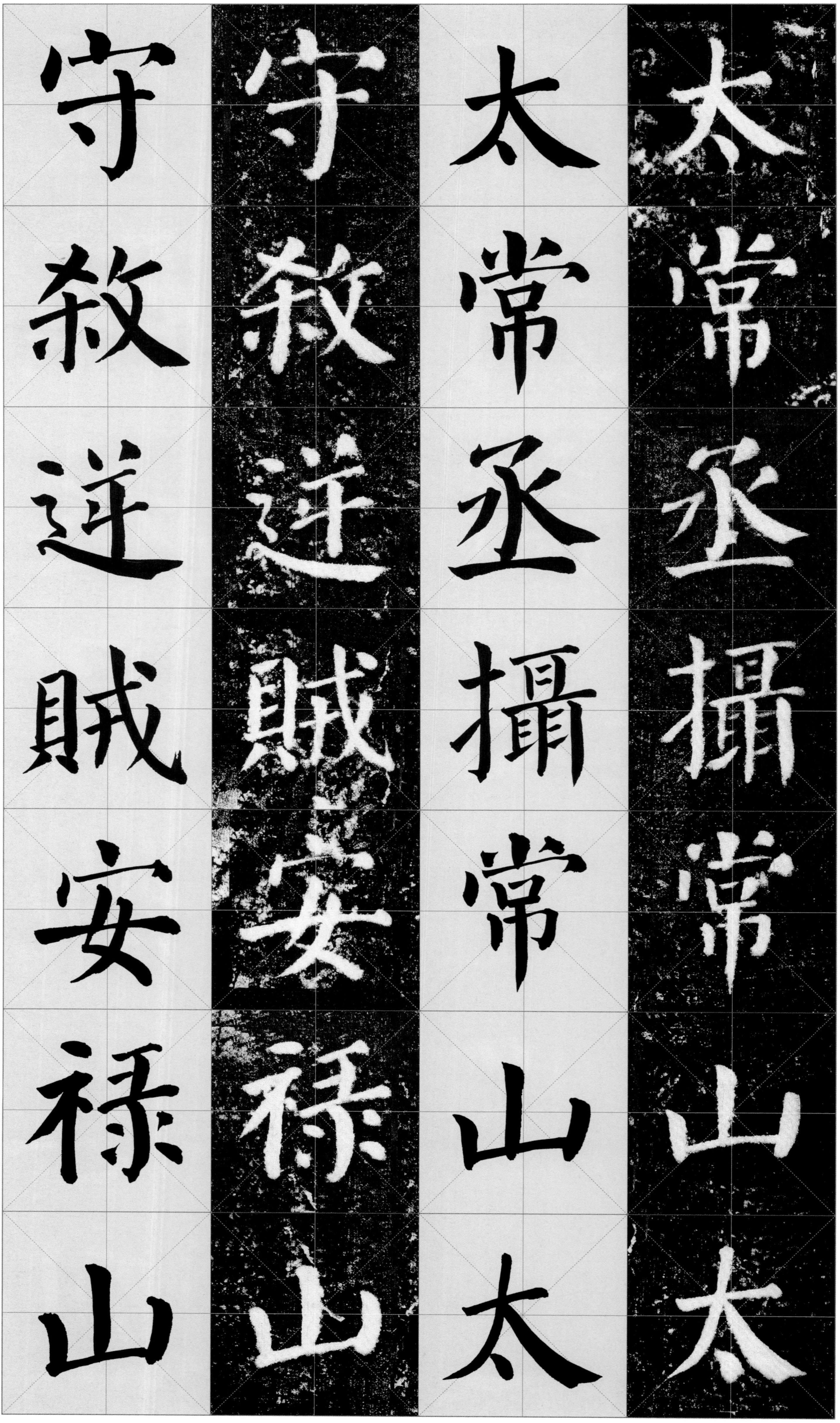

太常丞摄常山太守杀逆贼安禄山

程志宏临本　拓本　程志宏临本　拓本

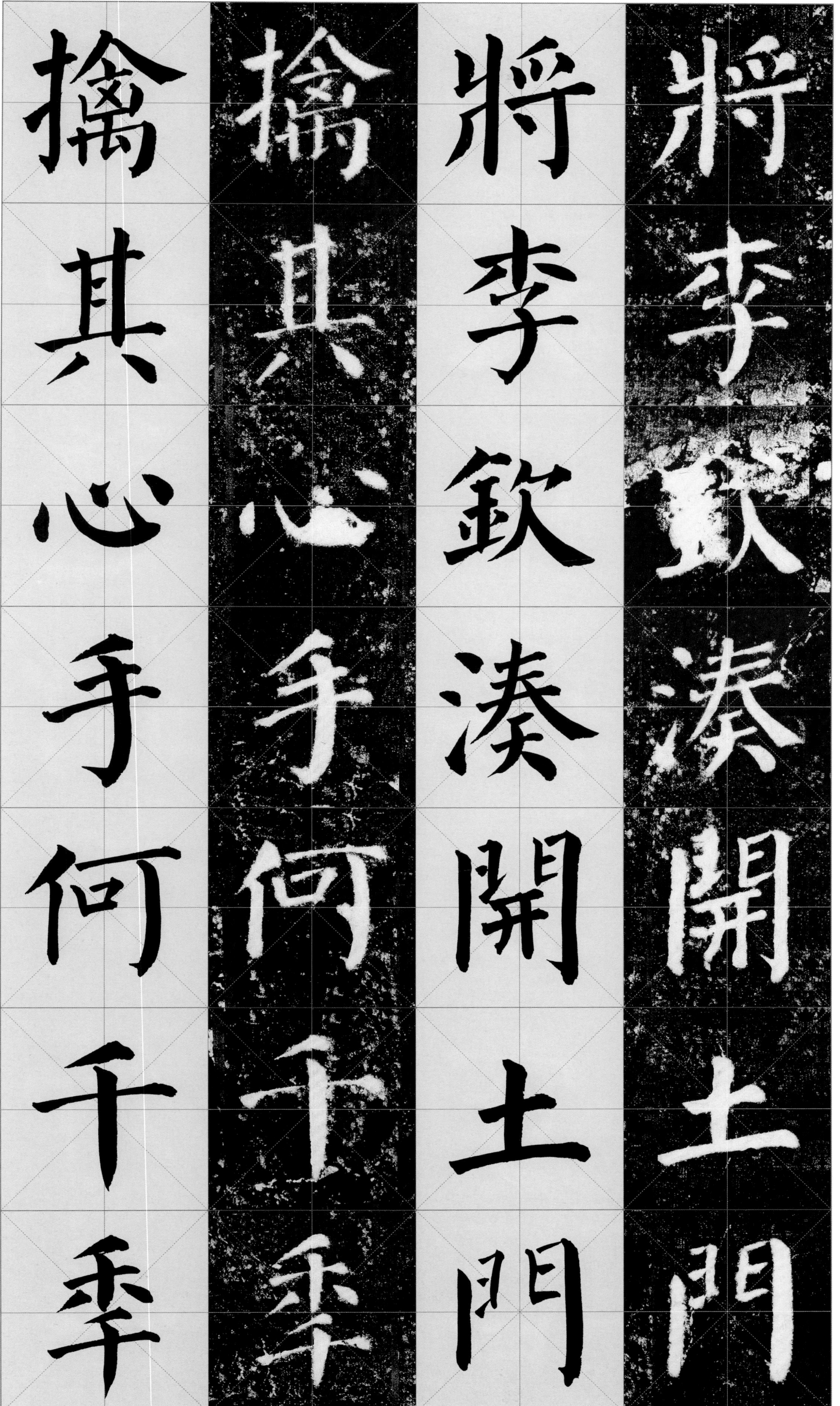

将李钦凑开土门擒其心手何千年

拓本　　程志宏临本　　拓本　　程志宏临本

高邈遷衛尉卿兼

高邈遷衛尉卿兼

御史中丞城守陷

御史中丞城守陷

高邈迁卫尉卿兼御史中丞城守陷

拓本

賊東京遇害楚毒

程志宏临本

賊東京遇害楚毒

拓本

叅下詈言不絶贈

程志宏临本

叅下詈言不絶贈

贼东京遇害楚毒参下詈言不绝赠

拓本

太子太保謚曰忠

程志宏临本

太子太保謚曰忠

拓本

曜卿工詩善草隸

程志宏临本

曜卿工詩善草隸

太子太保谥曰忠曜卿工诗善草隶

拓本

十六以詞學直崇

程志宏临本

十六以詞學直崇

拓本

文館淄川司馬旭

程志宏临本

文館淄川司馬旭

十六以词学直崇文馆淄川司马旭

拓本

卿善草書胤山令

程志宏临本

卿善草書胤山令

拓本

茂曾訥言敏行頗

程志宏临本

茂曾訥言敏行頗

卿善草书胤山令茂曾讷言敏行颇

拓本：工篆籀犍為司馬

程志宏临本：工篆籀犍為司馬

拓本：闕疑仁孝善詩春

程志宏临本：闕疑仁孝善詩春

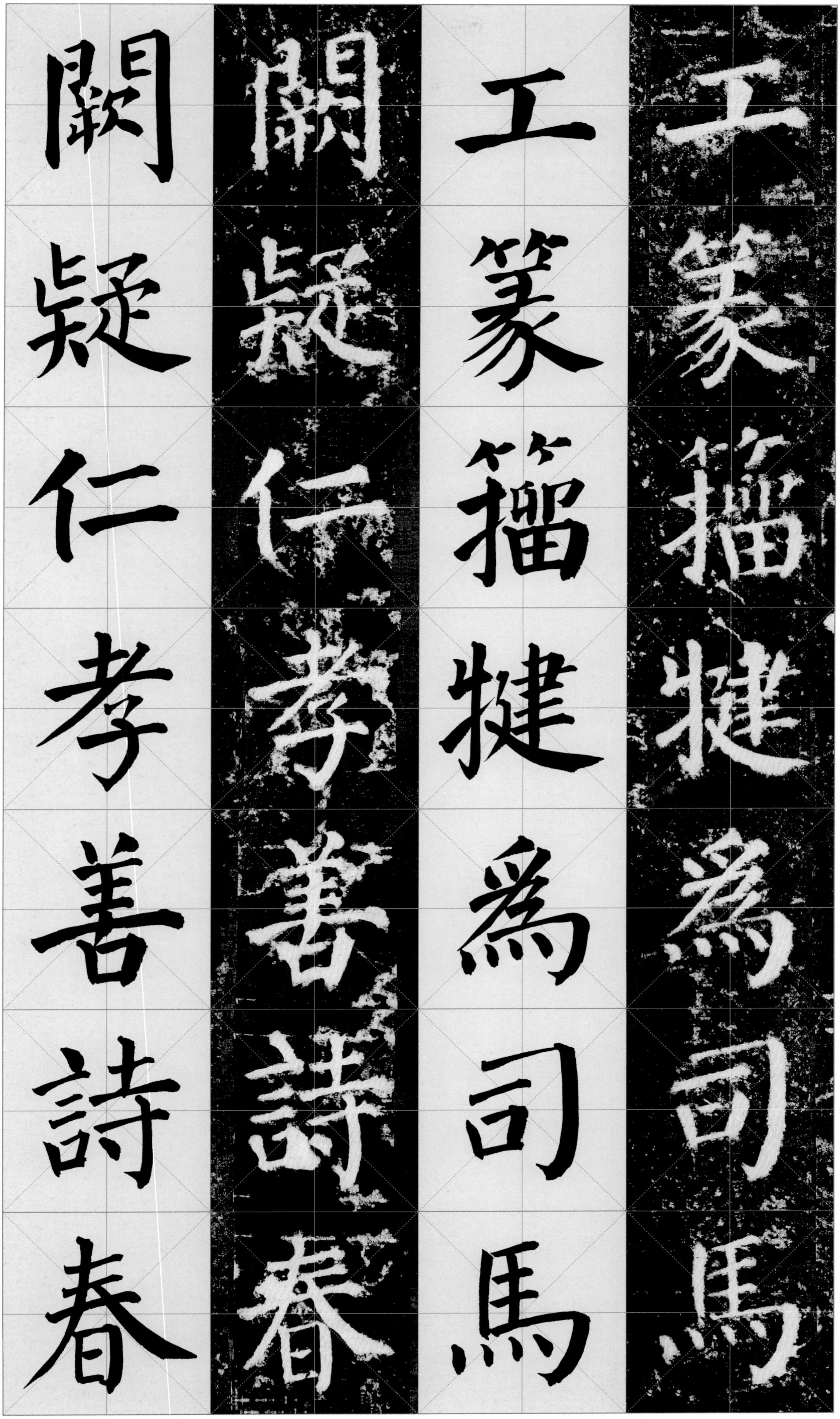

工篆籀犍为司马阙疑仁孝善诗春

拓本

秋杭州參軍允南

程志宏临本

秋杭州參軍允南

拓本

工詩人皆諷誦之

程志宏临本

工詩人皆諷誦之

秋杭州参军允南工诗人皆讽诵之

拓本

善草隸書判頻入

程志宏临本

善草隸書判頻入

拓本

等第歷左補闕殿

程志宏临本

等第歷左補闕殿

善草隶书判频入等第历左补阙殿

程志宏临本	拓本	程志宏临本	拓本
官國子司業金鄉	官國子司業金鄉	中侍御史三為郎	中侍御史三為郎

中侍御史三为郎官国子司业金乡

拓本

男喬卿仁厚有吏

程志宏临本

男喬卿仁厚有吏

拓本

材富平尉真長耿

程志宏临本

材富平尉真長耿

男乔卿仁厚有吏材富平尉真长耿

程志宏临本	拓本	程志宏临本	拓本
雅	雅	介	介
有	有	舉	舉
醞	醞	明	明
藉	藉	經	經
通	通	幼	幼
班	班	輿	輿
漢	漢	敦	敦

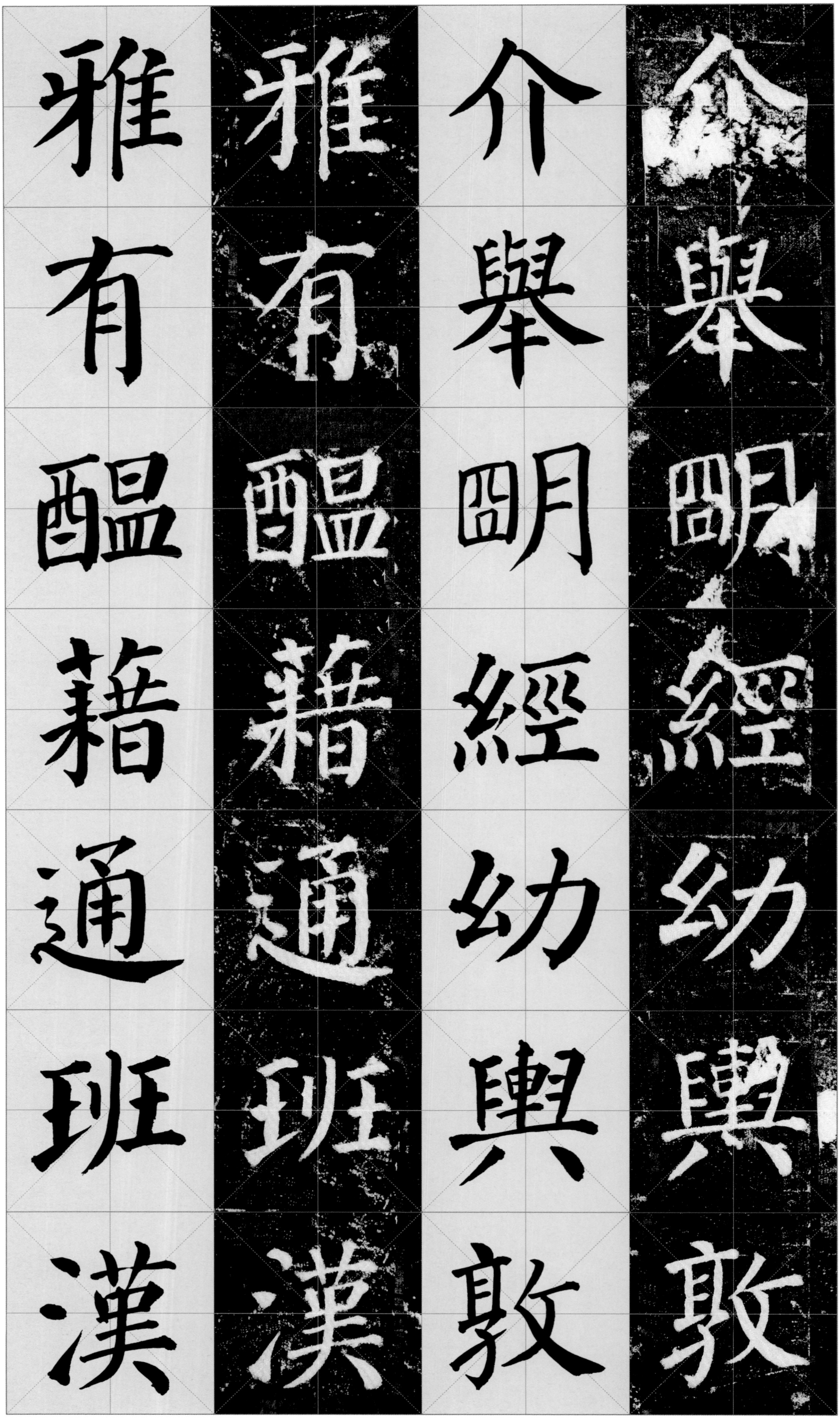

介举明经幼舆敦雅有酝藉通班汉

拓本

書左清道率府兵

程志宏临本

書左清道率府兵

拓本

曹真卿舉進士校

程志宏临本

曹真卿舉進士校

书左清道率府兵曹真卿举进士校

拓本

書郎舉文詞秀逸

程志宏临本

書郎舉文詞秀逸

拓本

醴泉尉黜陟使王

程志宏临本

醴泉尉黜陟使王

书郎举文词秀逸醴泉尉黜陟使王

拓本 | 程志宏临本 | 拓本 | 程志宏临本

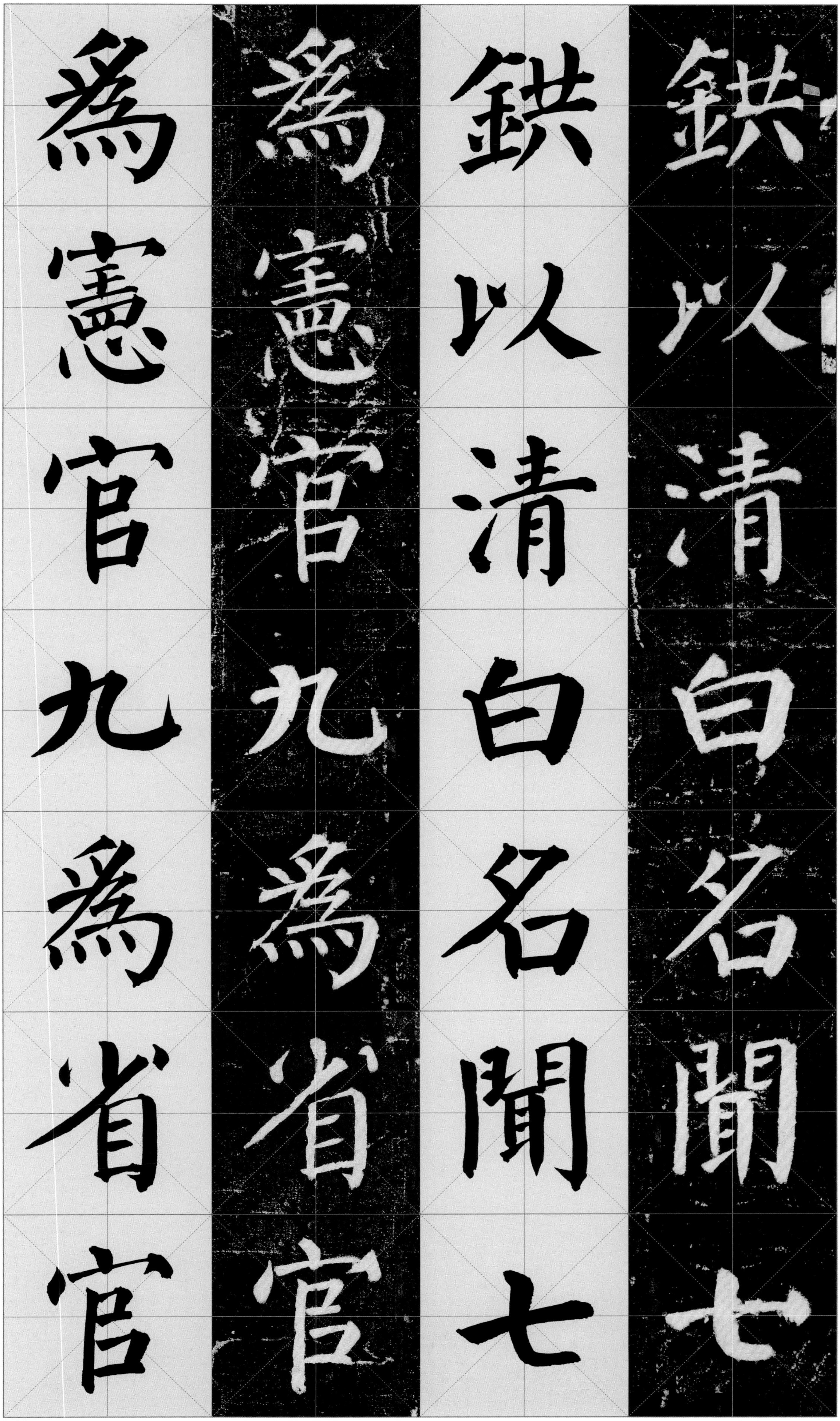

鉷以清白名聞七

鉷以清白名聞七

為憲官九為省官

為憲官九為省官

鉷以清白名闻七为宪官九为省官

拓本

蓐爲節度採訪觀

程志宏临本

蓐爲節度採訪觀

拓本

察使魯郡公允臧

程志宏临本

察使魯郡公允臧

荐为节度采访观察使鲁郡公允臧

程志宏临本　拓本　程志宏临本　拓本

敦實有吏能舉縣

敦實有吏能舉縣

令宰延昌四爲御

令宰延昌四爲御

敦实有吏能举县令宰延昌四为御

拓本

史充太尉郭子儀

程志宏临本

史充太尉郭子儀

拓本

判官江陵少尹荆

程志宏临本

判官江陵少尹荆

史充太尉郭子仪判官江陵少尹荆

拓本

南行軍司馬長卿

程志宏临本

南行軍司馬長卿

拓本

晉卿郤卿充國質

程志宏临本

晉卿郤卿充國質

南行军司马长卿晋卿郤卿充国质

程志宏临本	拓本	程志宏临本	拓本
倜	倜	多	多
佶	佶	無	無
伋	伋	禄	禄
倫	倫	早	早
竝	竝	世	世
爲	爲	名	名
武	武	卿	卿

多无禄早世名卿倜佶伋伦并为武

拓本

官玄孫絃通義尉

程志宏临本

官玄孫絃通義尉

拓本

没于蠻泉眀孝義

程志宏临本

没于蠻泉眀孝義

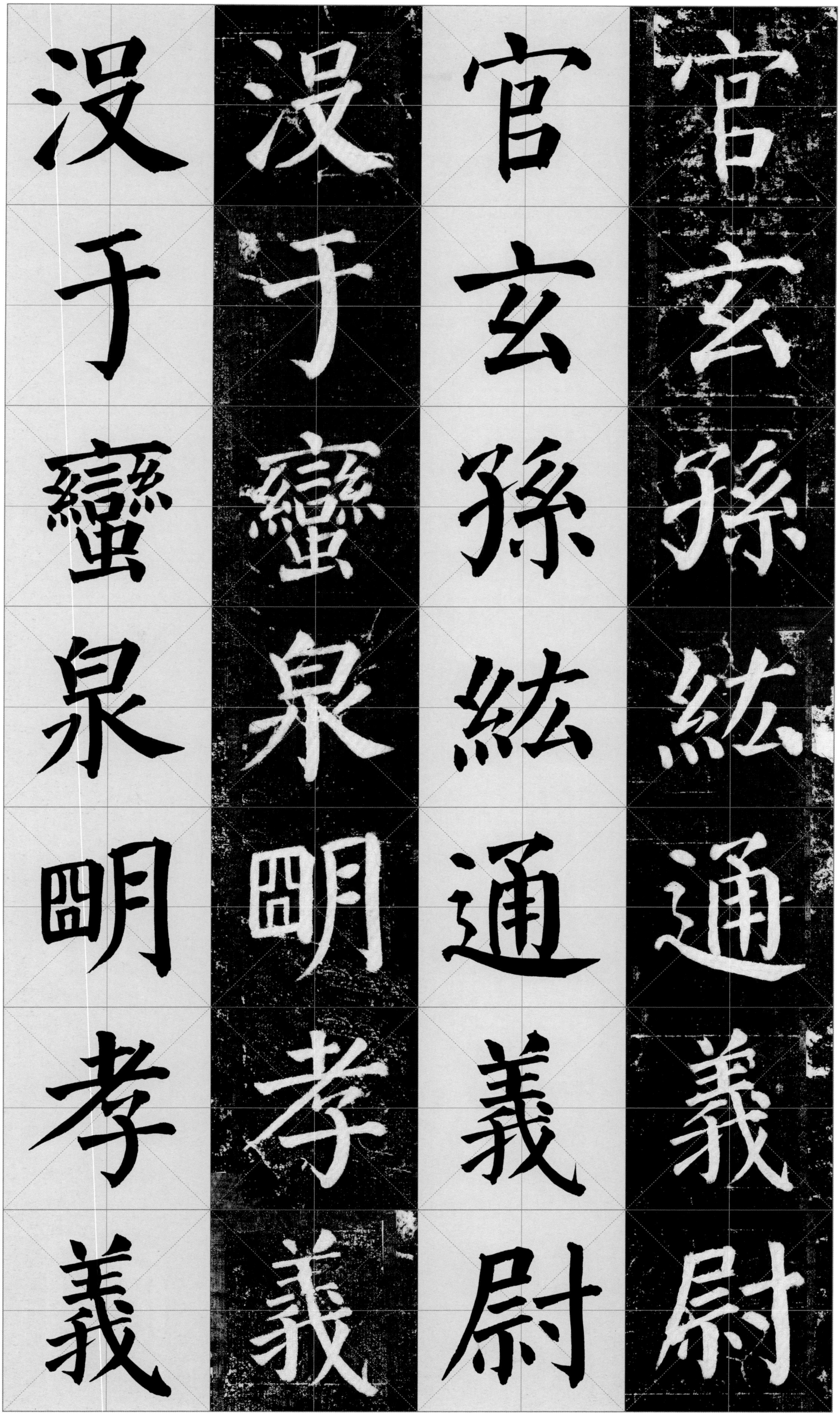

官玄孙纮通义尉没于蛮泉明孝义

程志宏临本　拓本　程志宏临本　拓本

有吏道父開土門

有吏道父開土門

佐其謀彭州司馬

佐其謀彭州司馬

有吏道父开土门佐其谋彭州司马

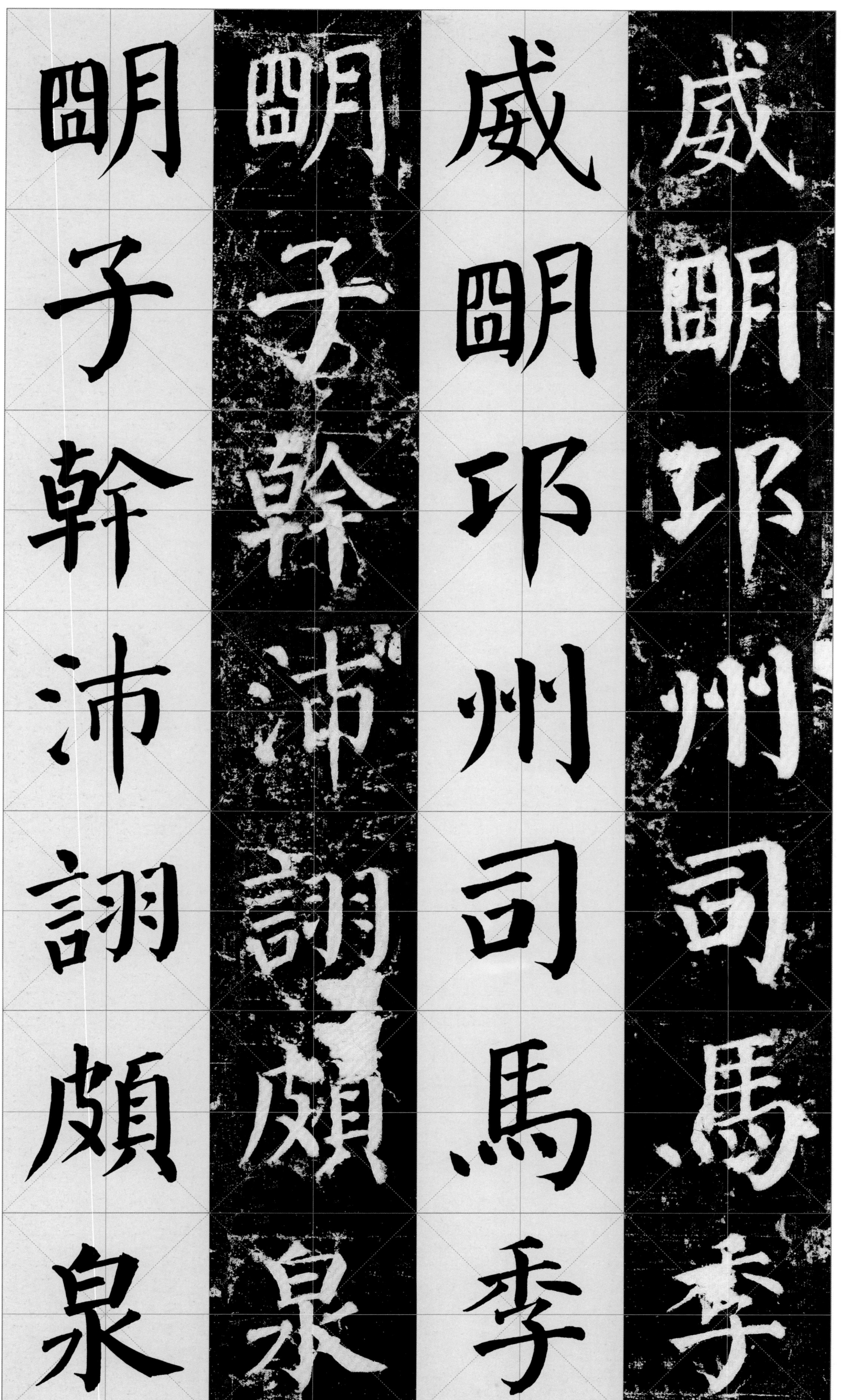

威明邛州司马季明子干沛诩颀泉

拓本

明男誕及君外曾

程志宏临本

明男誕及君外曾

拓本

孫沈盈盧逖竝爲

程志宏临本

孫沈盈盧逖竝爲

明男诞及君外曾孙沈盈卢逖并为

拓本

逆贼所害俱蒙赠

程志宏临本

逆贼所害俱蒙赠

拓本

五品京官濬好属

程志宏临本

五品京官濬好属

逆贼所害俱蒙赠五品京官濬好属

拓本

文翅華正頤竝早

程志宏临本

文翅華正頤竝早

拓本

天頗好五言挍書

程志宏临本

天頗好五言挍書

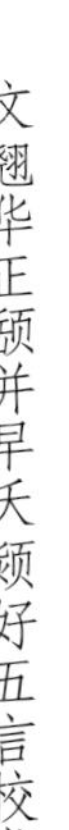
文翅华正颐并早天颇好五言校书

拓本

郎頲仁孝方正明

程志宏临本

郎頲仁孝方正明

拓本

經大理司直充張

程志宏临本

經大理司直充張

郎颋仁孝方正明经大理司直充张

拓本	程志宏临本	拓本	程志宏临本
萬頃嶺南營田判	萬頃嶺南營田判	官顗鳳翔參軍頍	官顗鳳翔參軍頍

万顷岭南营田判官觊凤翔参军頍

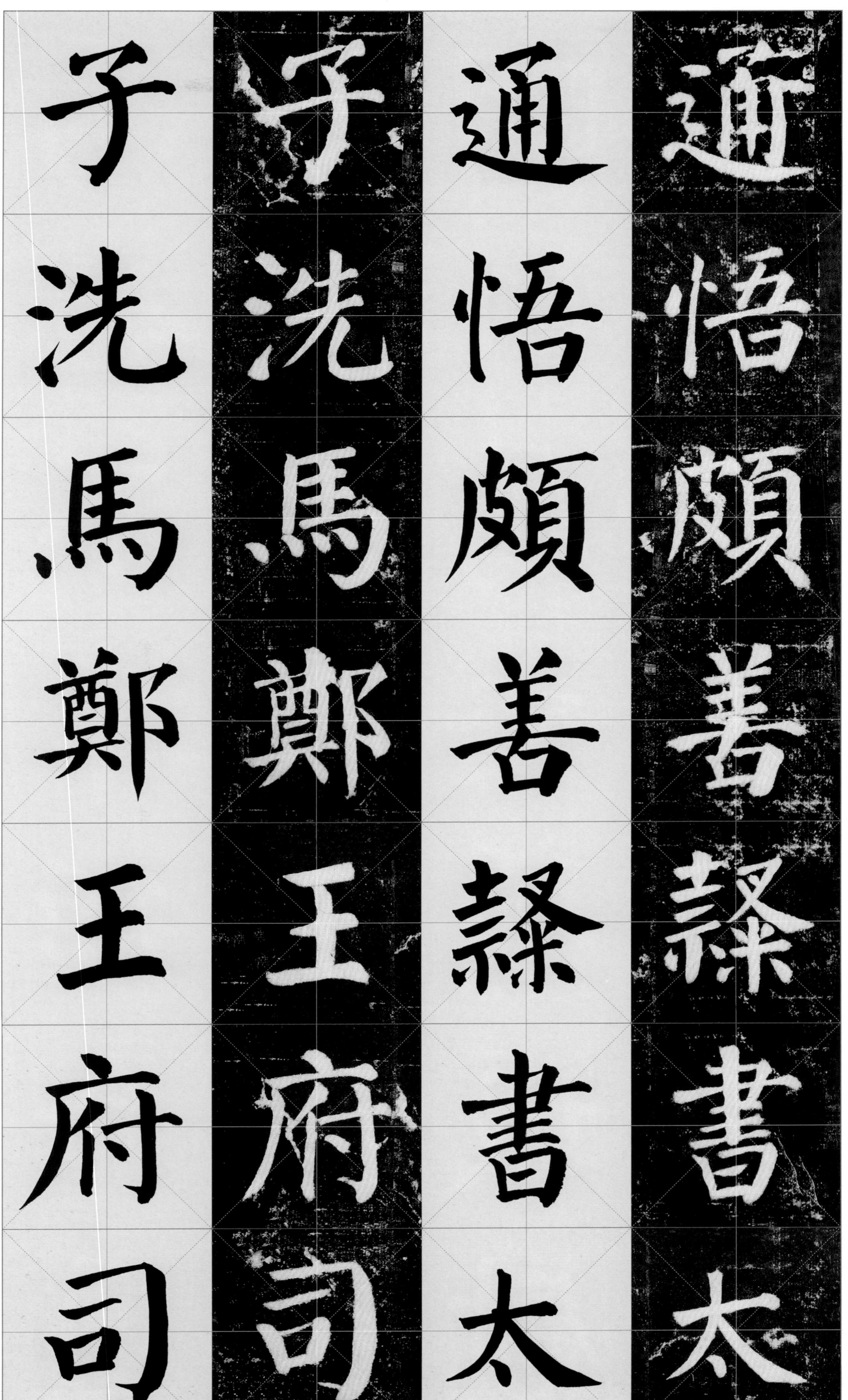

通悟頗善隸書太
子洗馬鄭王府司

通悟颇善隶书太子洗马郑王府司

馮竝不幸短命通

馮竝不幸短命通

朙好屬文項城尉

朙好屬文項城尉

马并不幸短命通明好属文项城尉

拓本

翊溫江丞覿綿州

程志宏临本

翊溫江丞覿綿州

拓本

叅軍靚鹽亭尉顥

程志宏临本

叅軍靚鹽亭尉顥

翊温江丞觌绵州参军靓盐亭尉颢

拓本

仁和有政理蓬州

程志宏临本

仁和有政理蓬州

拓本

長史慈明仁順幹

程志宏临本

長史慈明仁順幹

仁和有政理蓬州长史慈明仁顺干

拓本　程志宏临本　拓本　程志宏临本

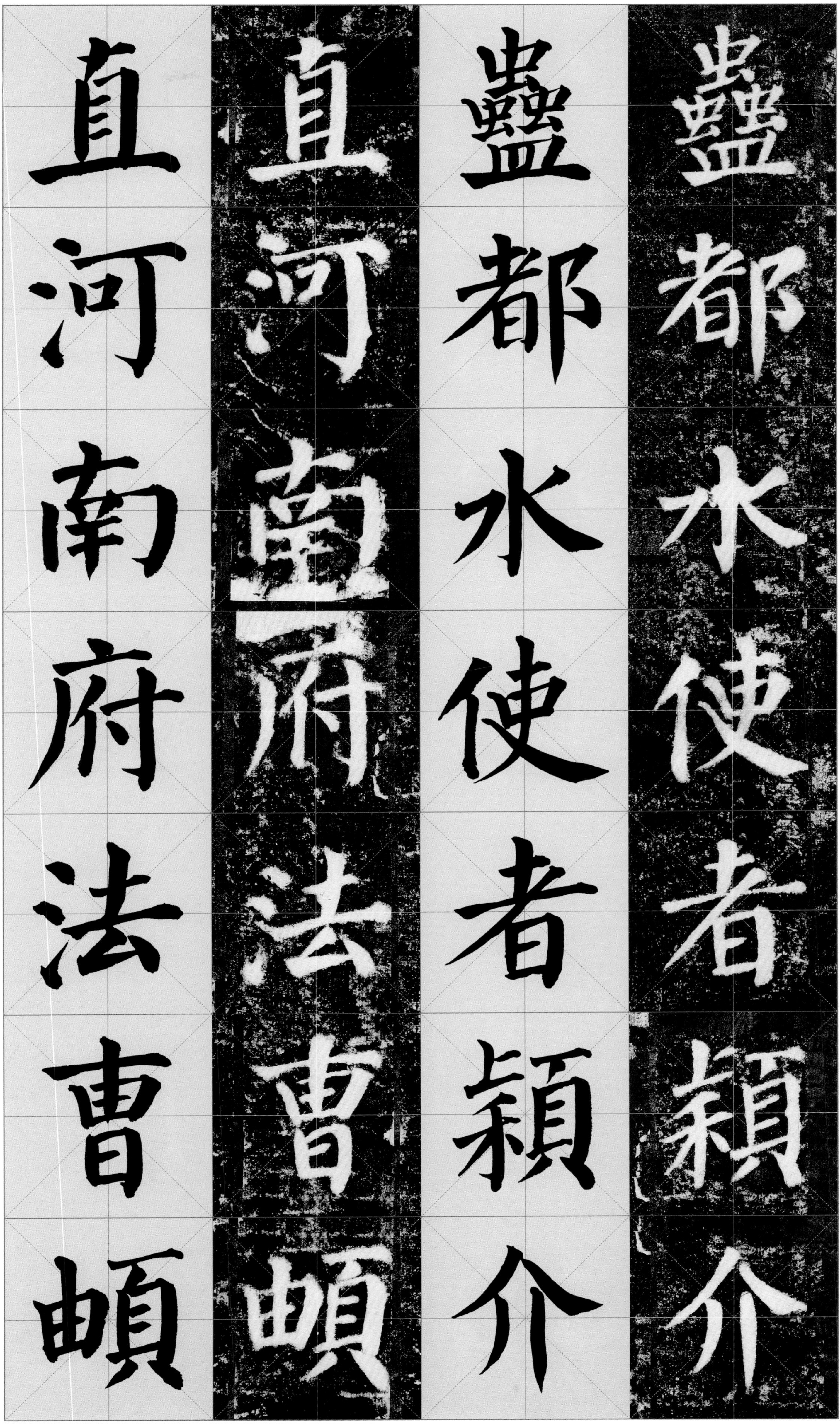

蠱都水使者穎介

蠱都水使者穎介

直河南府法曹頔

直河南府法曹頔

蛊都水使者颖介直河南府法曹頔

拓本

奉禮郎頎江陵叅

程志宏临本

奉禮郎頎江陵叅

拓本

軍頡當陽主簿頌

程志宏临本

軍頡當陽主簿頌

奉礼郎颀江陵参军颉当阳主簿颂

拓本

河中參軍頂衛尉

程志宏临本

河中參軍頂衛尉

拓本

主簿願左千牛頤

程志宏临本

主簿願左千牛頤

河中参军顶卫尉主簿愿左千牛颐

拓本

頩並京兆參軍頩

程志宏临本

頩並京兆參軍頩

拓本

須頩並童稚未仕

程志宏临本

須頩並童稚未仕

颒并京兆参军颒须頩并童稚未仕

拓本

自黃門御正至君

程志宏临本

自黃門御正至君

拓本

父叔兄弟臬子姪

程志宏临本

父叔兄弟臬子姪

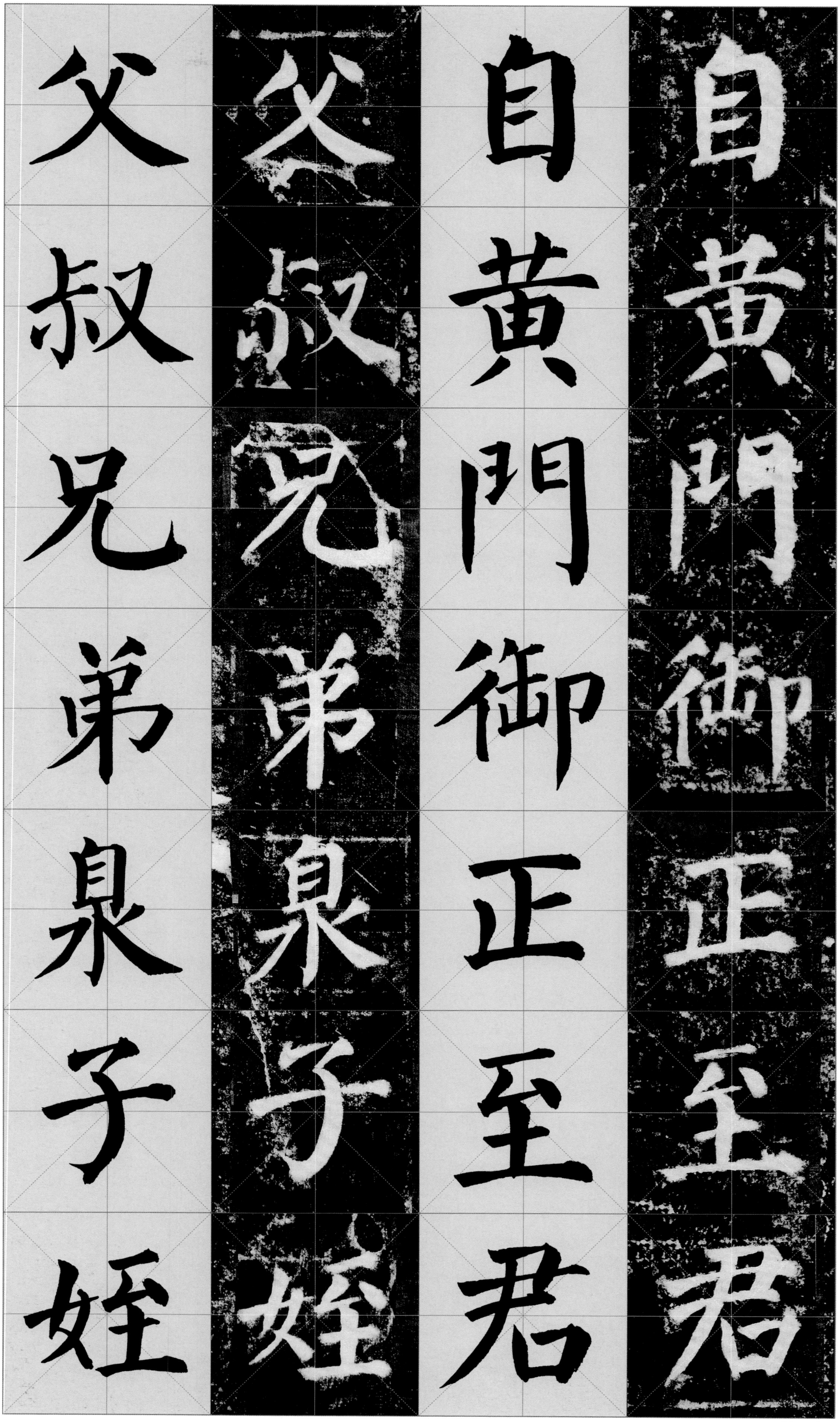

自黄门御正至君父叔兄弟臬子侄

揚庭益期昭甫强

揚庭益期昭甫强

學十三人四世爲

學十三人四世爲

扬庭益期昭甫强学十三人四世为

拓本

學士侍讀事見柳

程志宏临本

學士侍讀事見柳

拓本

芳續卓絶殷寅著

程志宏临本

芳續卓絶殷寅著

学士侍读事见柳芳续卓绝殷寅著

姓略小監少保以

姓略小監少保以

德行詞翰為天下

德行詞翰為天下

姓略小监少保以德行词翰为天下

拓本

所推春卿杲卿曜

程志宏临本

所推春卿杲卿曜

拓本

卿允南而下臬君

程志宏临本

卿允南而下臬君

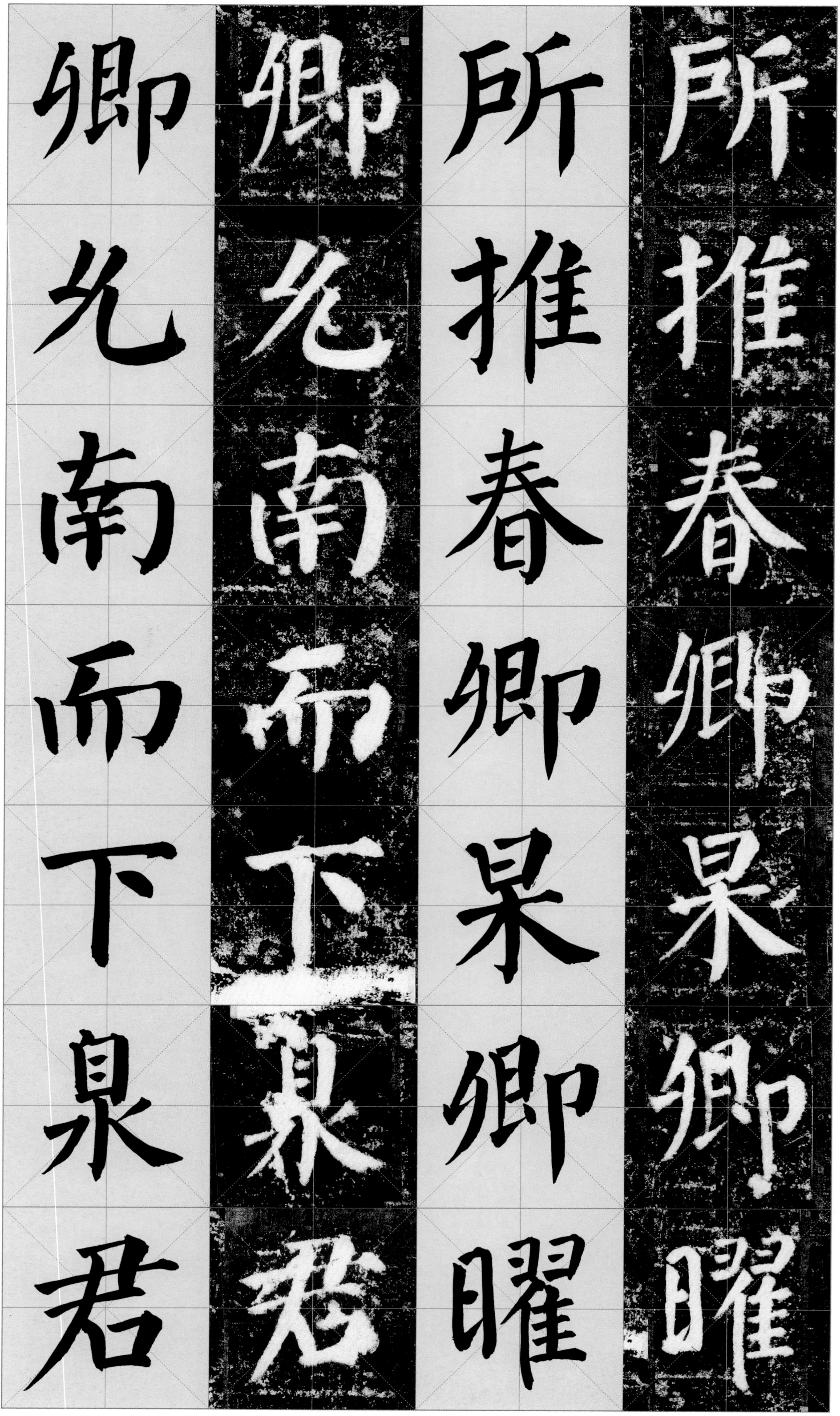

所推春卿杲卿曜卿允南而下臬君

之羣從光庭千里

之羣從光庭千里

康成希莊日損隱

康成希莊日損隱

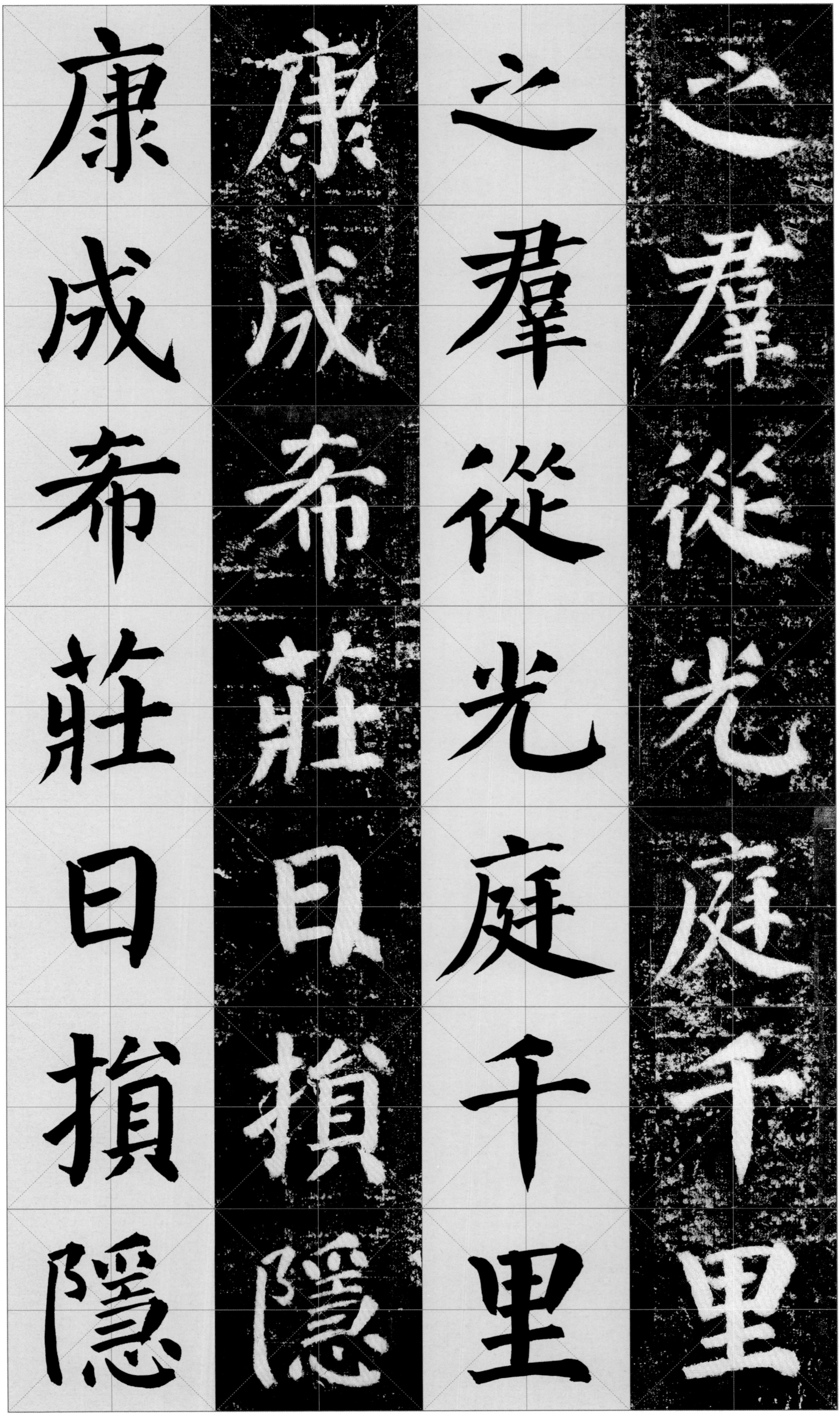

之群从光庭千里康成希庄日损隐

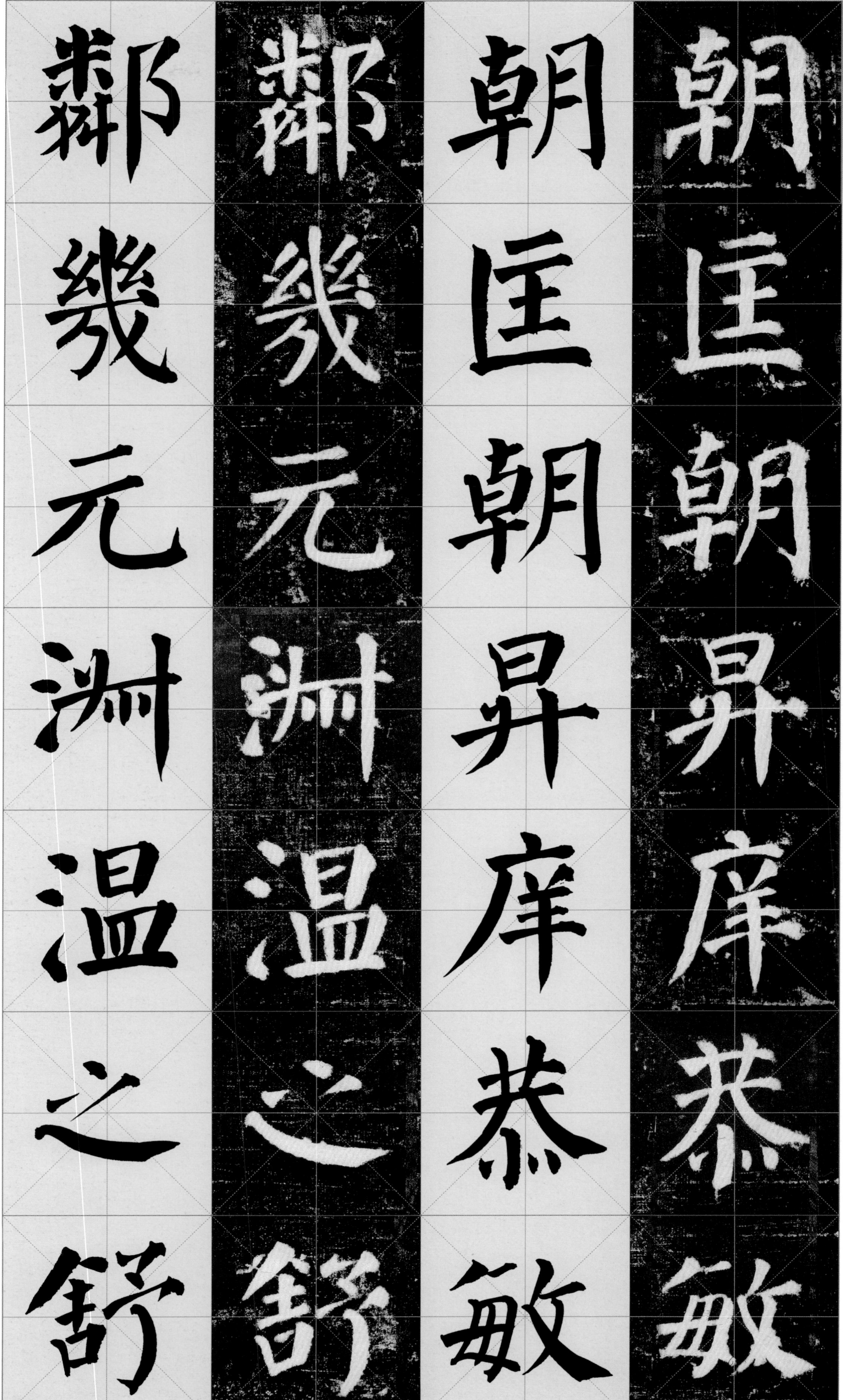

朝匡朝升庠恭敏邻几元淑温之舒

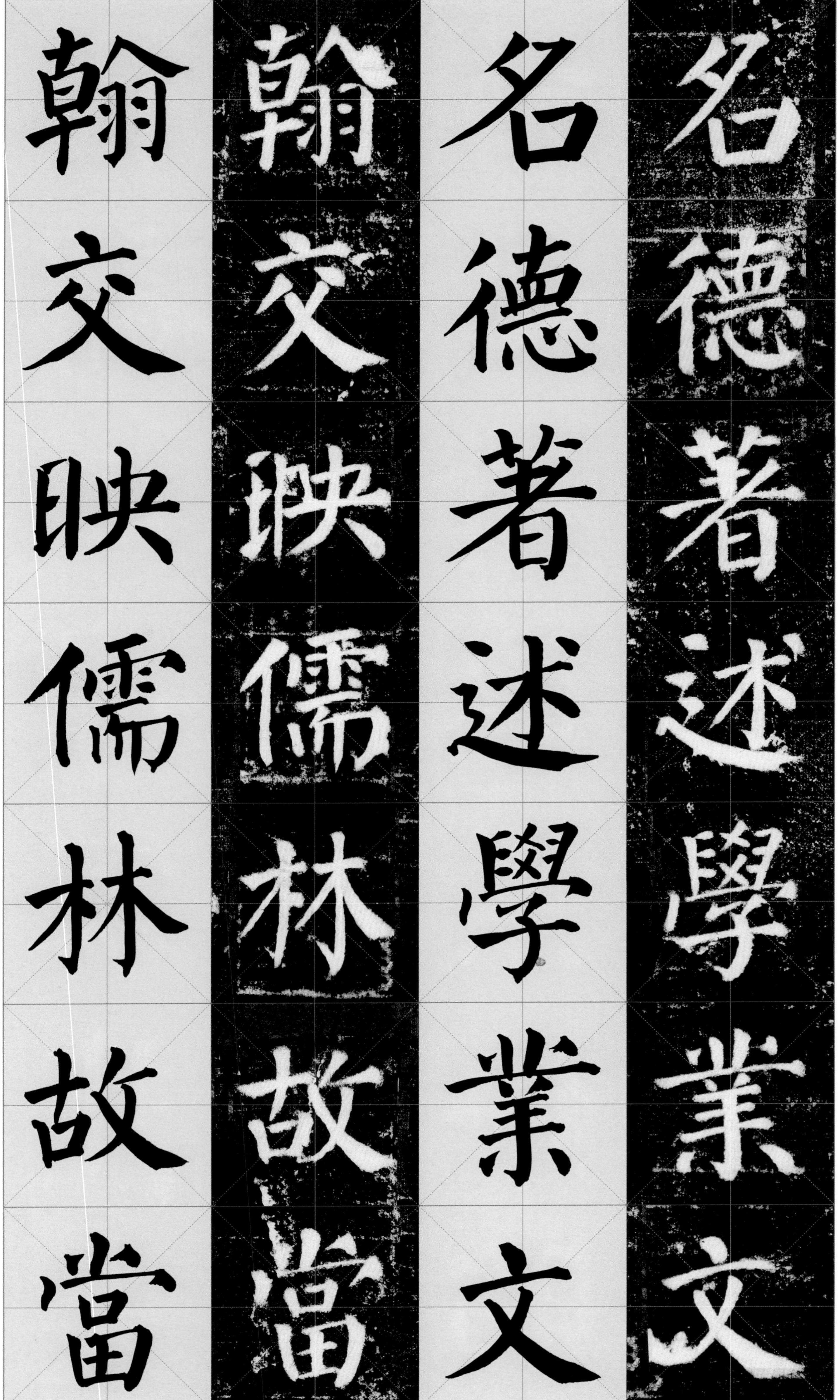

名德著述学业文翰交映儒林故当

拓本

代謂之學家非夫

程志宏临本

代謂之學家非夫

拓本

君之積德累仁貽

程志宏临本

君之積德累仁貽

代谓之学家非夫君之积德累仁贻

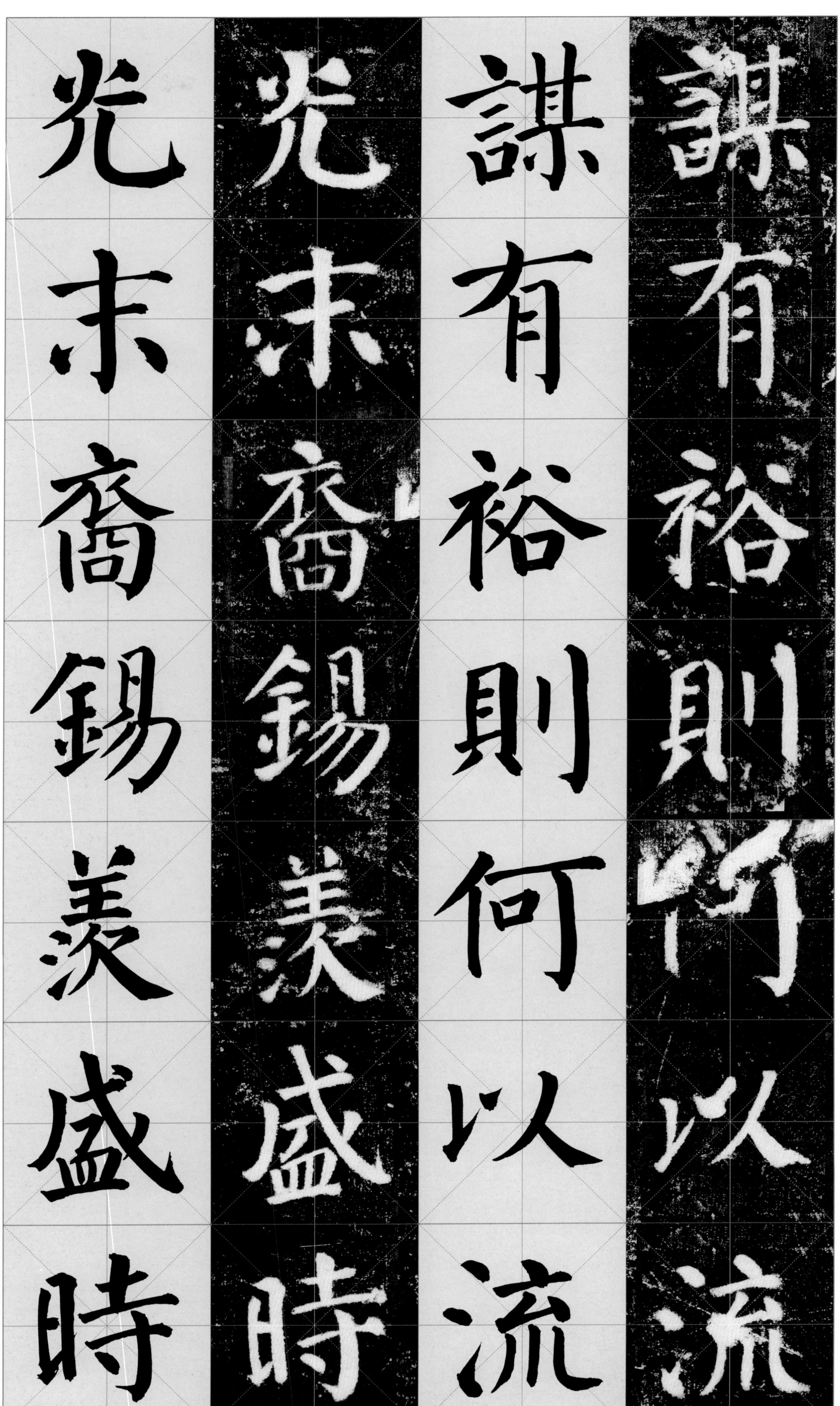

谋有裕则何以流光末裔锡羡盛时

拓本

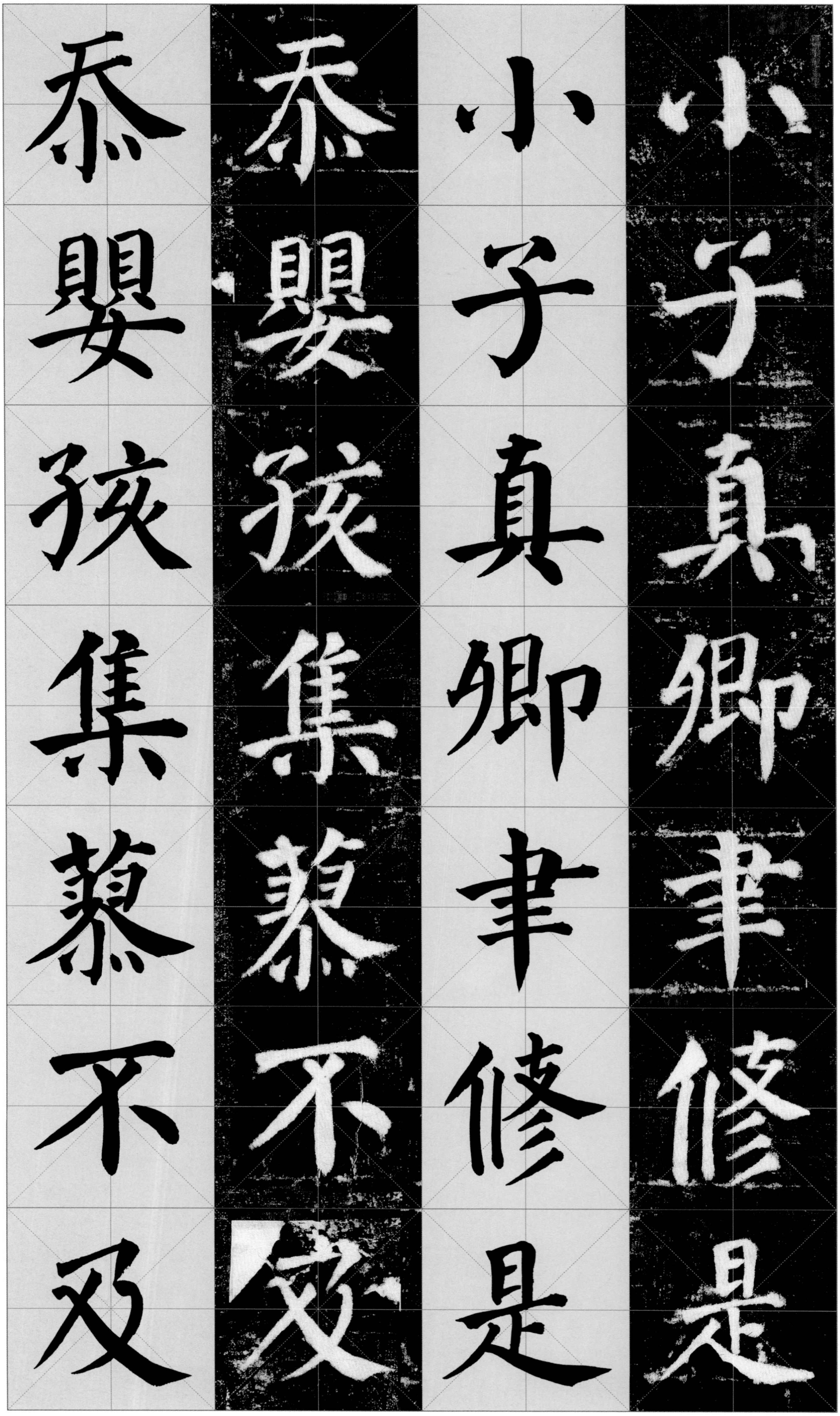

小子真卿聿修是

程志宏临本

小子真卿聿修是

拓本

忝嬰孩集蓼不及

程志宏临本

忝嬰孩集蓼不及

小子真卿聿修是忝嬰孩集蓼不及

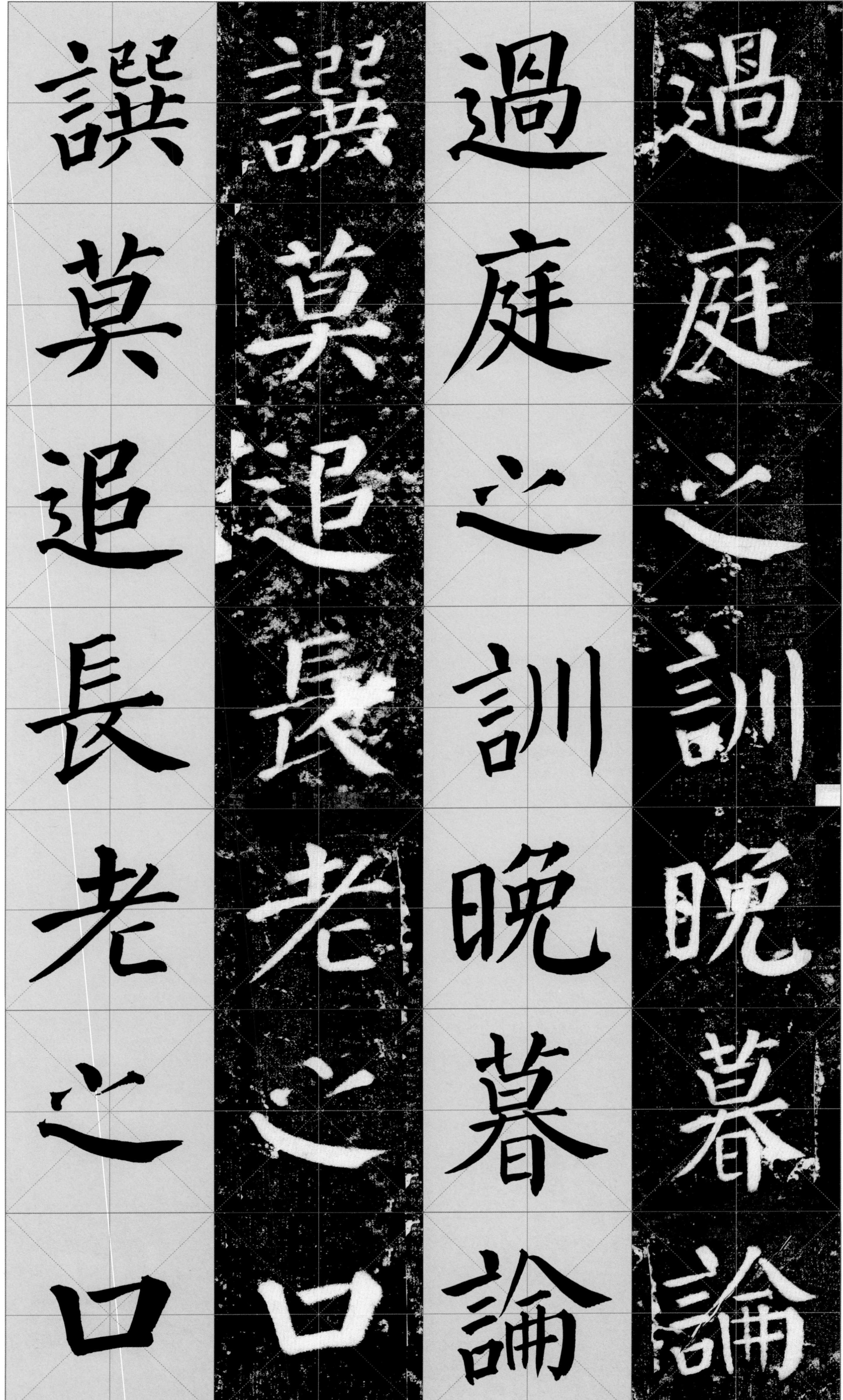

过庭之训晚暮论撰莫追长老之口

拓本

故君之德美多恨

程志宏临本

故君之德美多恨

拓本

闕遺銘曰

程志宏临本

闕遺銘曰

故君之德美多恨阙遗铭曰

説順勝怡渾允濟

説順勝怡渾允濟

挺式宣詔等多以

挺式宣詔等多以

说顺胜怡浑允济挺式宣诏等多以